Joachim Dressel / Manfred Griehl

Taktische Militärflugzeuge in Deutschland

1925 bis heute

Technik und Entwicklung

Genehmigte Lizenzausgabe für
Bechtermünz Verlag im
Weltbild Verlag GmbH, Augsburg 1996

Einbandgestaltung: Adolf Bachmann, Reischach
Gesamtherstellung: Wiener Verlag, Himberg bei Wien
Printed in Austria
ISBN 3-86047-241-0

Joachim Dressel / Manfred Griehl

Taktische Militärflugzeuge in Deutschland

1925 bis heute

Technik und Entwicklung

Ausrüstung – Bewaffnung – Baureihen – Leistungen – Versuchsmuster – Verwendungen

Bechtermünz Verlag

Für Nathalie Katharina

Inhalt

Die Dornier Do N absolvierte ihren Erstflug am 19.02.1926 und wurde von vier Napier »Lion« angetrieben.

Ein Wort zuvor

Kaum eine Waffengattung hat innerhalb der letzten 75 Jahre eine derartige Entwicklung erlebt wie die Luftstreitkräfte.
Während der Aufbauphase neuer Luftstreitkräfte in Deutschland nach dem Ersten Weltkrieg dominierten zunächst Behelfskampfflugzeuge wie etwa die Do Y, Ju K 30, die Dornier Hochdecker Do 11, 13 und 23 sowie die vielseitige Ju 52/3m und der zur Erstausstattung der Luftwaffe gehörende Mittelstreckenbomber Ju 86.
Nach einer hektischen, nicht immer folgerichtigen Aufrüstung, bei welcher der Mangel an Zeit und Material im Vordergrund stand, gelangten, ausgehend vom Gedankengut Giulio Douhets, mehrere, teilweise sturzkampffähige Kampfflugzeuge bis zur Serienfertigung. Es handelte sich dabei um die Do 17 sowie deren Nachfolger, die Do 215, und den Gleitbomber Do 217, welche hauptsächlich im Westen zum Einsatz kamen. Zusammen mit dem eigentlichen Arbeitspferd der Luftwaffe, der He 111, sollten diese schrittweise von der Ju 88 verdrängt und von der leistungsfähigeren Ju 188 abgelöst werden.
Außer den hier genannten Mittelstreckenbombern sollte die Entwicklung des Bombers A, der späteren He 177, die Lücke der Einsatzmittel schließen. Mannigfaltige Probleme, nicht allein die Triebwerksanlage, sondern auch statische und konstruktive Probleme, zeichneten für langwierige Verzögerungen in der Ablaufplanung verantwortlich.
Die Mehrzahl der schließlich ausgelieferten Maschinen kam 1944 wegen fehlenden Treibstoffs für den Einsatz zu spät.
Gleichzeitig mit dem Bomber A kam es zur Entwicklung des Bombers B, eines leistungsfähigen offensiven Kampfflugzeuges, das in der Lage sein sollte, höhere Einsatzreichweiten und -geschwindigkeiten zu erreichen und alle gängigen Abwurflasten zu transportieren. Dornier steuerte hierzu seine Do 317, Focke-Wulf die Fw 191 und Junkers die Ju 288 bei. Allein das Fehlen ausreichend starker Flugmotoren (BMW 803, DB 613 oder Jumo 222) ließen die geleistete Entwicklungsarbeit relativ sinnlos werden. Außer Musterflugzeugen und Nullserienmustern kam es daher zu keiner nennenswerten Fertigung.
Ein ähnliches Schicksal erlitten die projektierten Höhenbomber. Ausgehend von den Erfahrungen mit der Ju EF 61 sowie der Ju 86 P und R sollte die Hs 130 E-1 als Höhenkampfflugzeug über der wirksamen Schußhöhe der gegnerischen Abwehr operieren können. Zudem wollte man die Do 217, He 111 und die Ju 88 mit speziellen Höhenladern der TK-Reihe nachrüsten, um die Zeit bis zur späteren Einsatzreife der Ju 388 K-1 zu überbrücken. Schwere Höhenflugzeuge, wie etwa die He 177 H hatten schon früh keine Chance, jemals realisiert zu werden, da auch hierfür die geeignete Motorenausstattung fehlte.
Der Schritt zum wirklichen Langstreckenkampfflugzeug — und damit die Überwindung der Schnittstelle zwischen taktischem Mittelstreckenbomber und strategischem Kampfflugzeug — wurde anfangs mittels Behelfskonstruktionen, wie der Fw 200, überbrückt, jedenfalls soweit es den Seekrieg betraf. Mit der Ju 290 und anschließend der Ju 390 sollten zusammen mit der Ju 277, He 274 und der Me 264 offensive Einsätze über Land und See geflogen werden. Der Mangel an Fertigungskapazität und limitierte Treibstoffreserven ließen die Massenfertigung dieser Muster jedoch ab 1944 nicht mehr zu. Lediglich Prototypen verließen die Produktion.
Inzwischen war eine neue Zeit angebrochen, Strahlbomber, etwa die Hs 132, die Me 262, die Ar 234, die He 343 oder die Ju 287 sollten eine Wiederauflage taktischer Luftwaffeneinsätze über dem gegnerischen Luftraum er-

möglichen. Die allgemeine Lage verhinderte solche ehrgeizigen Pläne jedoch nicht erst 1945.

Mit der Schaffung der Westeuropäischen Union (WEU) kam es ab 1955 zu weitreichenden Planungen, welche den Aufbau neuer Luftstreitkräfte beinhalteten. Die GAF (German Air Force), so die NATO — Abkürzung, sollte keine Bomber, sondern taktische Jagdbomber erhalten, die sich im Bedarfsfall auch für die Bekämpfung gegnerischer Luftziele eignen würden. Als erstes dieser Flugzeuge wurde die F-84 eingeführt, ihr folgten die Fiat G 91, die legendäre F-104, der »Starfighter«, und die noch heute geflogene F-4F, sowie die europäischen Entwicklungen Alpha Jet und Tornado.

Bei den Luftstreitkräften der Nationalen Volksarmee flogen indessen Maschinen der Typen MiG 15 und MiG 19, die MiG 21 war allerdings nur als Behelfsjagdbomber eingeplant, sowie die MiG 23BN und die Su-22.

Die deutsche Wiedervereinigung führte dazu, daß die NVA in der Bundeswehr aufging. Die Mehrzahl ihres Fluggeräts dürfte in absehbarer Zeit verschrottet oder verkauft werden. Lediglich Maschinen, wie etwa die MiG 29 werden wohl die nächste Zeit überdauern.

Im Rahmen einer künftigen europäischen Sicherheitspartnerschaft, besonders unter Einschluß des zerfallenen Warschauer Pakts und vor allem der neu entstandenen GUS, gingen nicht nur die bisherigen Feindbilder verloren, es kam und kommt zunehmend zu einer Neubewertung der Einsatz-Rollen der offensiv nutzbaren Waffensysteme.

Die vorliegende Dokumentation, die nicht nur die rasente technische Entwicklung der Wehrtechnik zwischen 1925 und heute, jedenfalls soweit es die offensive Luftwaffen-Komponente betraf, aufzeigt, soll über den Weg einer Waffengattung Auskunft geben, die zumindest für Mitteleuropa einen Teil ihrer Bedeutung, die sie bis zum Ende der 80er Jahre hatte, eingebüßt hat.

Hochheim/Mainz, im Herbst 1992
Joachim Dressel, Manfred Griehl

In Schweden entstand die einmotorige Junkers K 39, die auch die Bezeichnung A 32 trug.

Die dreisitzige K 39 während der militärischen Erprobung; gut erkennbar der B- und C-Stand.

Nach dem Vorbild der Ju S 36 wurde im Herbst 1937 in Limhamm/Schweden die K 37 gebaut.

Eine Ju K 37 (D-AMIX) wurde vor dem Krieg als Lichtbildflugzeug eingesetzt.

Die bewaffnete Ju W 34 »Bolivar« wurde nach Venezuela geliefert.

Der Aufbau offensiver Luftstreitkräfte

Rohrbach Ro VIII

Die 1922 in Kopenhagen durch Dr.-Ing. Adolf Rohrbach (1889-1939) gegründete Rohrbach-Metall-Aeroplan Co. A.S. fertigte in den zwanziger Jahren einige interessante Flugboote und Großflugzeuge in Metallbauweise. Die Firma übersiedelte, nach Aufhebung der Baubeschränkungen für Zivilflugzeuge, 1926 nach Berlin. Durch die Weltwirtschaftskrise mußte Dr. Rohrbach Anfang 1932 das Werk schließen. Er ging 1934 als Chefkonstrukteur zu Weser-Flugzeugbau.

Im Sommer 1928 erprobte die Reichswehr in Lipezk als »Notrüstungstyp« (oder »Behelfsbomber«) die Ro VIII Mb, eine mit militärischer Ausrüstung versehene Ausführung des dreimotorigen Verkehrsflugzeuges Ro VIII »Roland« (Erstflug 5.9.1926 in Tempelhof). Im Vergleich schnitt aber die Junkers G 24ge besser ab. Durch Rüstsätze ließ sich diese Verkehrsmaschine ebenfalls schnell in einen Behelfsbomber umbauen. Eine G 24 wurde dafür in Adlershof mit einem Rost für drei 300 kg oder zwölf 50 kg Bomben entsprechend vorbereitet. Als Abwehrbewaffnung diente eine MG 08/15 (Drehring) auf der Rumpfoberseite. Für die zweite Erprobungsphase, im Sommer 1929 in Lipezk, verbesserte Rohrbach darauf die Ro VIII Mb aerodynamisch und waffentechnisch. Das nun mit Ro XII »Roka« bezeichnete Flugzeug akzeptierte die Reichswehr als bedingt brauchbar, ohne jedoch einen Auftrag zur Weiterentwicklung zu vergeben. Sicherlich auch, weil die Maschine durch die Umbauten zu schwer geworden war und nur noch eine Flughöhe von maximal 4500 m erreichte. Damit lag der Bomber jedoch genau in der optimalen Reichweite der Flakartillerie.

Die Ro XII besaß eine Aufhängevorrichtung für drei 300 kg Bomben unter dem Rumpf und für zwei Gruppen von je fünf 50 kg PuW-Bomben unter den inneren Tragflächen. Auch die Unterbringung der 50 kg Bomben in einem flachen Rumpfschacht, mit der Möglichkeit des Nachladens (!) mittels eines im Rumpf untergebrachten Bombenwagens, wurde erprobt. Als Abwehrmaßnahmen war ein Waffenstand mit je einem beweglichen MG 08/15 auf dem hinteren Teil des Rumpfrückens im Drehkranz, in einer Schießluke in der Rumpfunterseite in einer Gabellagerung sowie in jeder der über die Flügelhinterkante hinaus verlängerten Motorgondeln montiert.

Junkers K 30

Die Junkers K 30 wurde 1925 als Einheitstyp für operative Aufgaben aus den dreimotorigen Verkehrsflugzeugen G 23/G 24 entwickelt. Die Eindringtiefe betrug bei einer maximalen Bombenlast von 1500 kg 500 km.

Obwohl die Reichswehr kein Interesse zeigte, verkaufte Junkers von 1925 bis 1935 insgesamt 34 Flugzeuge an Chile, Spanien, Jugoslawien und die UDSSR (dort als JuG-1 geführt). Der in Schwede gebaute Bomber

und Fernaufklärer wurde mit Fahrwerk, Schneekufen und Schwimmern angeboten.
Ende 1929 erfolgte die Ausschreibung für den mittleren Nachtbomber (Fernaufklärer) »Minabo« im Rahmen der zweiten Typenreihe. Junkers lehnte es ab, ein entsprechendes Flugzeug zu entwickeln und schlug stattdessen die K 30 in abgeänderter Form als Nachtbomber vor. Darauf erhielt Dornier mit der Do-F (später Do 11) den Zuschlag.
Die Bewaffnung bestand aus je einem Doppel-MG auf Drehkranz im Rumpfbug und in der Rumpfoberseite sowie einem Einzel-MG auf Pivot-Lafette im Bodenstand. Die maximale Bombenlast betrug 1200 kg, die Gesamtmasse der Do-Y lag bei 8500 kg.

Dornier fertigte 1931/32 drei Flugzeuge dieses mittleren Bombers, jedoch zeigte die Reichswehr kein Interesse, weil es zweimotorige Muster als wirtschaftlich günstiger bevorzugte. Im Jahr 1937 wurden die, nun als Do 15 bezeichneten Flugzeuge, an Jugoslawien geliefert. Dort erhielten die nun völlig veralteten Muster auch ihre militärische Ausrüstung.

Am 31.03.1930 stieg die mit vier Bristol »Jupiter« versehene Do P erstmals auf.

Dornier Do Y (Do 15)

Die außergewöhnliche Anordnung des dritten Motors auf dem Rumpfrücken des halbfreitragenden Schulterdeckers gab dem Flugzeug ein markantes Aussehen. Durch diese Bauart konnte jedoch ein Bugstand verwendet werden, ein Vorteil gegenüber den Entwürfen von Rohrbach (Ro VIII) und Junkers mit seiner G 24. Der in Schalenbauweise gefertigte Rumpf war, wie auch der dreiholmige Mittelflügel, mit Dural-Glattblechen beplankt. Die Außentragflächen trugen eine Stoffbespannung. Das Flugzeug hatte eine Spannweite von 26,60 m und eine Länge von 18,20 m. Beim Erstflug am 17. Januar 1931 in Altenrhein dienten drei Bristol »Jupiter VI« Motoren mit Zweiblatt-Holzluftschraube als Antrieb. Später ersetzte man diese durch Gnome et Rhone »Jupiter VI 9« Triebwerke mit 460 kW Startleistung. Die Höchstgeschwindigkeit lag bei 300 km/h, die Reichweite bei 1500 km.

Die Do P erreichte eine Höchstgeschwindigkeit von 210 km/h und hatte eine Reichweite von etwa 1000 km.

Die Do Y (später auch als Do 15 bezeichnet) wurde ab dem 17.10. 1931 erprobt.

Dornier Do-F (Do 11)

Der Auftrag für den Nachtbomber Do-F lief über das Reichsverkehrsministerium (RVM) als Fracht- und Postflugzeug. Der Erstflug des in Altenrhein produzierten Schulterdeckers erfolgte am 7. Mai 1932. Nach einigen Versuchsflügen beim Reichsverband der deutschen Luftfahrtindustrie (RdL) ging die zweimotorige Maschine im gleichen Jahr zur technischen und taktischen Erprobung nach Lipezk. Als erstes Kampfflugzeug war es für die neuen SC-Bomben vorgesehen. Im vertikalen Rumpfmagazin konnten in sechs Magazinen 30 Bomben zu 50 kg oder 120 Bomben zu 10 kg, jedoch mit einem besonderen Aufhängegeschirr, mitgeführt werden. In den Magazinen ließen sich in Schüttkästen auch 1080 El-Brandbomben (a 1 kg) unterbringen. Unter dem Rumpf waren fünf Einzelrahmen für SC 250 Bomben angebracht. Als Abwehrbewaffnung fand je ein bewegliches MG 15 in der Kanzel, im Rumpf und im Rumpfboden Verwendung.

Das mit seiner militärischen Ausrüstung nun als Do 11 A bezeichnete Flugzeug war in seiner Leistung zufriedenstellend, in den Flugeigenschaften jedoch eher mangelhaft. Ebenso war die Zelle zu schwach ausgelegt, was sich in Flügelschwingungen und Rumpfverformungen zeigte. Hinzu kamen Schwierigkeiten mit dem per Hand einziehbaren Fahrwerk.

Ab 1932 begann in Friedrichshafen der Serienbau der Do 11 C mit Siemens Sh 22 B-2 Triebwerk anstelle der Siemens Jupiter VI. Das Flugzeug diente zumeist der Schulung künftiger Bomberbesatzungen, besaß abgedeckte Waffenstände und keine Bugverglasung. Wegen der Gefahr von Zellenbrüchen wurde eine Beschränkung der Querneigung auf 45 Grad befohlen.

Nach einigen gebauten Exemplaren ersetzte die Do 11 D die C-Version. Die Do 11 D hatte nun ein arretiertes Fahrwerk, ein neukonstruiertes Seitenleitwerk und zusätzliche Stabilisatoren unter dem Höhenleitwerk. Die Flügelschwingungen konnten aber trotz einer Reduzierung der Spannweite von 28 m auf 26,30 m nicht abgestellt werden, ebenso nicht die Probleme mit der zu schwachen Zelle. Von 150 in Auftrag gegebenen Flugzeugen wurden daher nur 76 ausgeliefert.

Die Do 13 erhielt serienmäßig zwei Siemens Sh 22-Reihenmotoren, das erste Musterflugzeug wurde vom 13.02.1933 an erprobt.

Dornier Do 13

Im Februar 1933 kam die Do 13 A, eine Weiterentwicklung auf der Basis der Do 11, heraus. Die Do 13 besaß ein starres, verkleidetes, Fahrwerk, wieder die Spannweite der Do 11 C mit 28,00 m, aber Junkers Doppelflügel und zunächst einen Siemens Jupiter VI Reihenmotor, welcher bei der Serienausführung Do 13 C durch den leistungsstärkeren BMW VI 7,3 ZU ersetzt wurde. Obwohl ihre Flugeigenschaften verbessert waren, bestand immer noch das Problem der Rumpfverformung bei Ausnutzung der zulässigen Lasten. Die ebenfalls noch bestehende Schwingungsanfälligkeit der Tragflächen führte, trotz Geschwindigkeits- und Kurvenbeschränkungen, zu Unfällen durch Flügelbruch, so daß die Fertigung nach einigen Exemplaren wieder eingestellt werden mußte.

Dornier Do 23

Weil zu dieser Zeit keine brauchbaren Alternativen für einen zweimotorigen Bomber vorlagen, versuchte Dornier, durch die längst fällige, grundlegende Überarbeitung der Zelle und Tragfläche den Bomber zu retten. Durch eine Verringerung der Spannweite auf 25,60 m und eine weitere Verstärkung des Flügels gelang es, diesen schwingungsfrei zu bekommen. Zusätzlich wurde der Rumpf durch Kreuzstrukturen und Verspannungen versteift. Im September 1934 begann die Erprobung des nun als Do 23 F bezeichneten Bombers. Eine weitere Verstärkung, besonders infolge des höheren Fluggewichtes, führte zur

Am 1.09.1934 fand der Erstflug der Do 23 statt. Die viersitzigen Kampfflugzeuge wurden nach ihrer Ausmusterung bei den Kampfverbänden den Flugzeugführerschulen (FFS) C zugewiesen.

Serienversion Do 23 G. Insgesamt wurden bis 1936 bei Dornier in Manzell und Wismar sowie bei Henschle und dem Hamburger Flugzeugbau 237 Maschinen des inzwischen leistungsmäßig überholten Kampfflugzeuges gebaut.
Abgelöst wurde der in Ganzmetallbauweise gefertigte Schulterdecker als Standardbomber der Luftwaffe jedoch erst durch die Junkers Ju 86.
Die Bewaffnung der Do 23 entsprach der Do 11 A. Als Triebwerk fanden zwei BMW VI 7,3 Z Motoren mit Vierblatt-Holzluftschraube Verwendung. Es kam aber auch der leistungsgleiche BMW VI-7,3 Reihe 7 zum Einsatz.

Eine Do 23 während des Winterflugbetriebs bei der FFS (C)2, die ab 1936 in Neuruppin stationiert war.

Junkers Ju 52/3m »K«

Weil die Probleme mit der Do 11 erkennen ließen, daß in absehbarer Zeit nicht mit einer großen Stückzahl zu rechnen war, erhielt Junkers den Auftrag, das dreimotorige Verkehrsflugzeug Ju 52 als Behelfsbomber umzurüsten. Erfahrungen hierin besaß Junkers mit der als Militärflugzeug umgebauten Ju 52/3m. Diese flog erstmals im April 1932 und wurde, mit Schwimmern ausgerüstet, an Kolumbien und Bolivien geliefert.

Die Junkers Werke in Dessau boten die Ju 52/3m ab 1934 mit Schnellrüstsätzen als Behelfsbomber an. Das seit Januar des gleichen Jahres in Aufstellung befindliche Behelfsbombengeschwader 1, als Verkehrsinspektion der Lufthansa getarnt, verfügte ab März 1934 über drei Do 11 C und 24 Ju 52/3m. Die Flugzeuge und technischen Einrichtungen mit Bodenpersonal wurden von der Lufthansa gestellt. Ab Mitte 1934 ging das erste

Behelfskampfflugzeug Ju 52/3m ge in den Serienbau. Die Grundzelle entsprach der Zivilausführung, als Bewaffnung besaß sie je ein bewegliches MG 15 auf dem Rumpf und im einziehbaren Kampfstand im Kabinenboden. Die Bombenlast betrug 1500 kg.

In diese Zeit fiel auch die Aufstellung der Staffeln des Kampfgeschwaders (KG) 154. Ab dem 15. März 1936 begann der Aufbau des KG 152. Dieses wurde mit Wirkung vom 1. Mai 1939 in das KG 1 »Hindenburg« umbenannt. Es folgte das KG 253 mit Do 23 und Ju 86 und im Frühjahr 1937 das KG 155. Dieses Geschwader sollte anschließend die Do 17 E erhalten, aber es blieb zunächst bei der Ju 52/3. Im August und September 1938 schulten der Stab und die I./KG 252 in Cottbus. Hinzu kam die aus dem IV./KG 153 hervorgegangene II./KG 252.

Wegen ihrer Robustheit erlangte die Ju 52 während der Aufbaujahre der Luftwaffe eine ihr zunächst nicht zugedachte Bedeutung. Ab Ende 1935 bis zur Einführung der mittleren Kampfflugzeuge He 111 und Ju 86 stellte die Ju 52/3m fast 2/3 der Einsatzflugzeuge der Kampfverbände der Luftwaffe. Insgesamt sollten 762 Maschinen ausgeliefert werden. Nur die ersten 73 Ju 52 baute Junkers in Dessau. Anschließend lief die Großserie, unter Einbeziehung zahlreicher Zulieferer, im Junkers-Werk in Bernburg.

Ab 1935 erschien die auch als Nachtbomber einsetzbare, Ju 52/3m g3e. Sie besaß eine verbesserte FT-Ausrüstung und eine überarbeitete Bombenauslösevorrichtung. Mit gleichen Triebwerken und Ausstattung entstand noch die Exportversion mit der Bezeichnung Ju 52/3m g4e. Sie unterschied sich nur durch das verwendete Spornrad anstelle des sonst üblichen Schleifsporns. Den größten Teil der Serie übernahm die Luftwaffe, nur wenige Maschinen gingen ins Ausland.

Zum Kampfeinsatz kam die Ju 52 erstmals im Spanischen Bürgerkrieg als Transporter und Bomber.

Vor Beginn des Zweiten Weltkrieges wurden die meisten verbliebenen Ju 52 Behelfsbomber ohne Bodenabwehrstand zu Transporterflugzeugen rückgerüstet.

Ebenfalls in Linham wurde die mit drei Waffenständen versehene Ju R 42, deren Defensivbewaffnung kaum totes Schußfeld bot, hergestellt.

Im Sommer 1938 wurde die Ju 52/3m »K«, ein Behelfskampfflugzeug, in Lechfeld aufgenommen.

Junkers Ju 86

Die Junkers Ju 86 ging aus der Forderung an ein mittleres Kampfflugzeug moderner Bauart von Anfang 1934 hervor. Konkurrenzmuster hierzu boten die Firmen Dornier und Heinkel an. Gleichzeitig suchte die Lufthansa nach einem Schnellverkehrsflugzeug für bis zu 10 Passagieren. Wegen seiner Erfahrungen auf dem Gebiet der Schwerölmotoren sollte Junkers seinen Entwurf mit dem Jumo 205 Diesel-Motor ausrüsten, welcher sich durch besondere Sparsamkeit und Brandsicherheit hervortat.
Bereits am 4. November 1934 konnte der erste Prototyp, die Ju 86abl, später als Ju 86 V 1 bezeichnet, zum Erstflug starten. Die Maschine hatte, weil der Jumo 205 noch nicht zur Verfügung stand, zwei Siemens SAM 22 Neunzylinder Sternmotoren mit Zweiblatt-Holzluftschrauben als Antrieb. Die Bewaffnung fehlte. Während der Testflüge ergaben sich Schwierigkeiten wegen des trägen Ansprechens der Steuerung und einer Gierneigung der Maschine um die Hochachse. Bei den notwendigen Änderungsarbeiten erhielt die Ju 86 V1 die B- und C-Waffenstände.
Der zweite Prototyp war, ebenso wie das vierte Versuchsmuster, als Verkehrsflugzeug ausgelegt und flog erstmals am 22. März 1935.

Der dritte Prototyp, die Ju 86cb (später V3), bekam einen vollverglasten Bug mit MG 15 auf Drehlafette.
Die Ju 86 V 5 verfügte über geänderte Tragflächen, ein Spornrad anstelle des Schleifsporns, verbesserte Kühleranordnung, geänderte Kanzelverglasung sowie einen modifizierten Senkturm als C-Stand. Sie absolvierte ihren Erstflug im August 1935.
Ende 1935 begann der Bau der Nullserie, welche aus sieben Verkehrsflugzeugen und 13 Bombern Ju 86 A-0 mit Jumo 205 C Motoren bestand. Nach deren Endmontage im Februar 1936 gingen diese Maschinen zur Erprobung an die Luftwaffe.
Im Frühsommer 1936 erfolgte die Auslieferung der A-1 Serie, welche, wie die Ju 86 A-0, auf dem fünften Versuchsmuster basierte. Als Triebwerk diente der Jumo 205 C-4. Trotz verbesserter Tragflächen konnte die Stabilität der Ju 86 A um die Hochachse nicht voll befriedigen.
Aus der Nullserie wurde darauf eine Maschine entnommen und mit der Bezeichnung Ju 86 V 6 versehen. Es folgten nun Versuche zur Verbesserung des Stabilitätsverhaltens. Eine Lösung wurde schließlich mit einer keilförmigen Verlängerung der Rumpfendkappe gefunden. Mit dieser Änderung und vergrößerten Treibstoffbehältern begann ab Spätsommer 1936 die Fertigung der Ju 86 D-1.
Die Ju 86 D-1 verfügte über drei bewegliche MG 15 im A-, B- und versenkbaren C-Stand. Es konnten bis zu 16 SC 50 Bomben, im Abwurfschacht senkrecht angeordnet, mitgeführt werden. Die Höchstgeschwindigkeit des Ganzmetall-Tiefdeckers in Glattblechbauweise betrug 325 km/h in 3000 m Höhe. Mit voller Bombenlast hatte die Maschine eine Reichweite von 560 km bei 230 km/h Reisegeschwindigkeit. Bereits zum Zeitpunkt der Serienproduktion zeigten sich die Nachteile der Dieselmotoren durch ihr langsames Reagieren auf rasche Leistungsänderungen. Auch nahm die Leistung der Motoren mit zunehmender Flughöhe rasch ab. Es gab viele Ausfälle durch Überhitzung und Kolbenfresser. Erprobungen mit vier Ju 86 D-0 im Spanischen Bürgerkrieg Ende 1937 bestätigten diesen taktischen Nachteil. Im Zivilbetrieb, bei welchem Flüge mit gleichmäßiger Drehzahl überwogen, zeigten sich die Ausdauer und Sparsamkeit des Jumo 205 Dieselmotors äußerst positiv.
Auf Grund dieser ungünstigen Erfahrungen im Militärbetrieb wurde eine Ju 86 D-1 bei BMW versuchsweise mit dem amerikanischen Pratt & Whithney »Hornet« Triebwerk ausgerüstet. Ab Frühjahr 1937 wurde diese, nun als Ju 86 V 9 bezeichnete Maschine, einer intensiven Flugerprobung in Rechlin unterzogen. Nach Abschluß der erfolgreichen Tests erhielt Junkers die Anweisung, die weiteren Ju 86 mit dem BMW 132 F Einspritzmotor zu versehen. Die Typenbezeichnung lautete nunmehr Ju 86 E-1, und die Bomber wurden ab Spätsommer 1937 an die Luftwaffe ausgeliefert. Nach etwa 30 Serienflugzeugen wurde der BMW 132 N mit 636 kW Leistung eingebaut und die Baureihenbezeichnung in Ju 86 E-2 geändert.
Die Ju 86 V 10, eine Ju 86 E-1 mit vollverglastem Bug und kompakterer sowie weiter vorgesetzten Kanzel, wurde Anfang 1938 in Rechlin erprobt. Mit der geänderten Buganordnung ging diese Maschine als Ju 86 G-1 ab Frühjahr 1938 in die Produktion. Im Frühsommer des gleichen Jahres lief die Ju 86 Serienfertigung nach etwa 40 gebauten Ju 86 G-1 aus.
Zahlreiche Ju 86 gingen als Exportversion an Chile, Portugal, Schweden, Südafrika, Ungarn sowie Österreich (Ende 1937 wurde noch eine von zehn bestellten Ju 86 E-2 vor dem Anschluß Österreichs ausgeliefert).

Die Ju 52 — Kampfflugzeuge besaßen einen beiklappbaren Waffenstand mit einem MG 15 in Drehkranz D 51.

Die Ju 86 cb (möglicherweise die V3) besaß drei Waffenstände.

Die Ju 86 E-1 (DB+RE) ging während eines Streckenflugs zu Bruch.

Witterungsbedingt wurde die Ausbildung zuweilen eingestellt. Hier eine Ju 86 E-1 einer FFS C.

Die Ju 86 G-1 war mit zwei BMW 132N von jeweils 865 PS bestückt und löste die leistungsschwächere Ju 86 E-1 (BMW 132F) ab.

Auch diese Ju 86 G-1 gehörte zum Bestand einer Flugzeugführerschule.

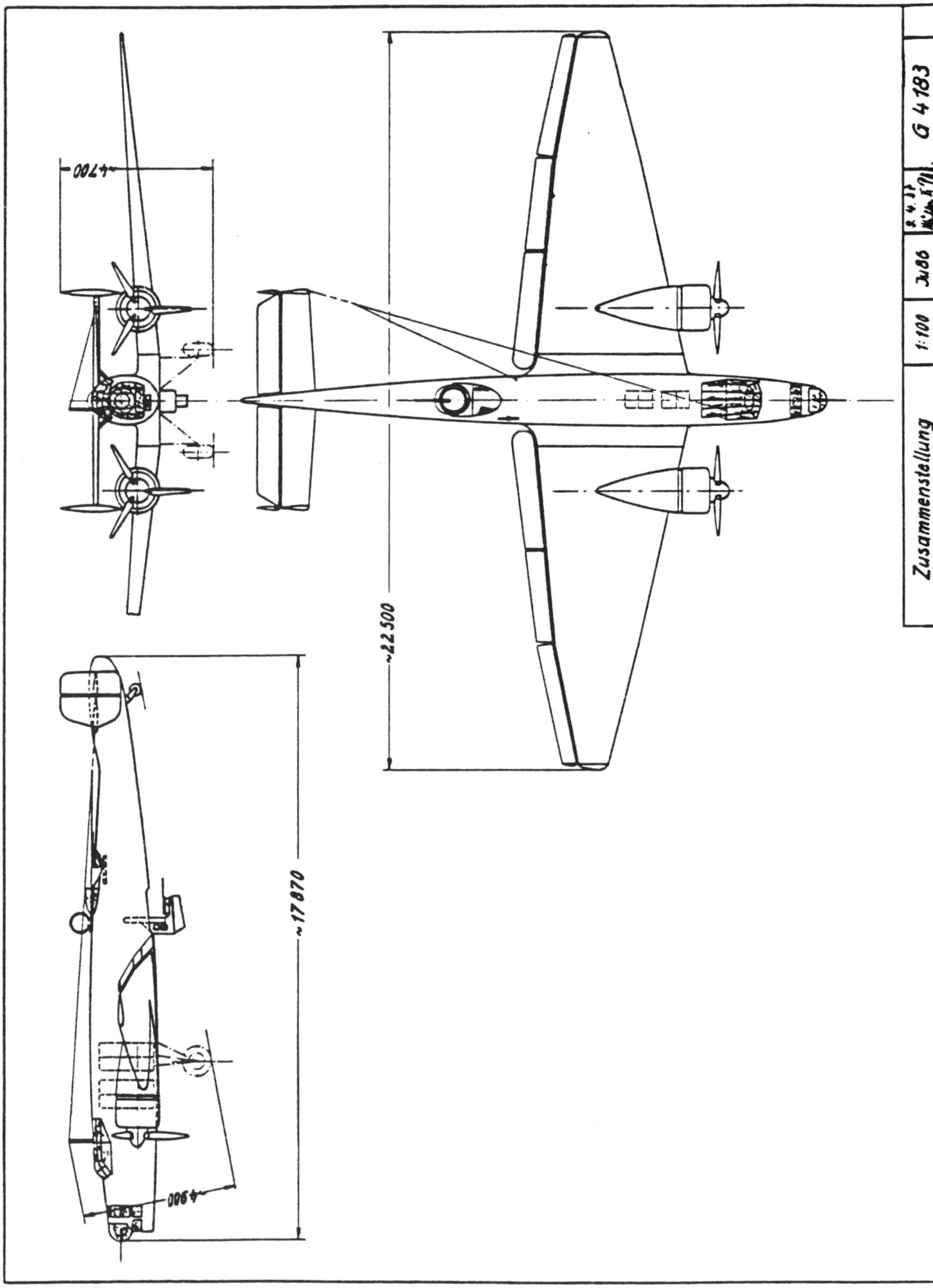

Werksmäßige Dreiseitenansicht der Ju 86 E-2 vom 8.04.1937.

Die taktischen Einsatzmaschinen der Luftwaffe

Dornier Do 17

Das Heereswaffenamt (HWA) erließ 1932 Entwicklungsrichtlinien für den Bau eines zweimotorigen Kampfflugzeuges mit Einziehfahrwerk. Neben Junkers und Heinkel beteiligten sich — wenn auch ohne Erfolg — auch Dornier daran. In Friedrichshafen begann die Konstruktion eines »Frachtflugzeuges für die Reichsbahn« und gleichzeitig für ein »Schnellpostflugzeug für die Lufthansa«. Unter der vorläufigen Typenbezeichnung »Do 15« legte das Werk am 1. August 1932 seine Pläne für das »Postflugzeug« vor. Am 17. März 1933 folgte die Baubeschreibung für die künftige Do 17. Bereits zwei Monate später, am 24. Mai, gab Erhard Milch grünes Licht für den Bau von zwei Musterflugzeugen.

Ende 1933 erteilte das RLM den Entwicklungs- und Lieferauftrag für ein »Schnellverkehrsflugzeug mit doppeltem Leitwerk« (wie bei der Ju 86 bereits erwähnt, auf Wunsch der DLH) und das »Lastenflugzeug mit Sonderausrüstung« — dem zweiten Entwicklungsgedanken — einem Bomber.

Im April 1934 fand bei Dornier in Manzell die erste Projektbesprechung statt. Es kamen die bewegliche Abwehrbewaffnung und die ersten Entwürfe der Bombenabwurfanlage (»Sonderausrüstung«) zur Diskussion.

Die Attrappe mit der militärischen Ausrüstung konnte bis zum 20. Mai 1934 in Friedrichshafen fertiggestellt werden.

Am 20. November 1934 nahm die Bauaufsicht Luft (BAL) das erste Versuchsmuster ab und drei Tage später startete die Do 17 V 1 zum Erstflug. Das zweite Versuchsmuster folgte am 18. Mai 1935. In Rechlin flog die Do 17 V 3 im September 1935. Ebenso befand sich die V 2 und später die V 4 in Rechlin, unter anderem zur Erprobung einer 20 mm Waffe und den MG 15-Einbauten.

Auf Grund der positiven Flugerfahrungen bestellte das RLM elf weitere Versuchsmuster (V 4 - V 14).

Die Versuchsmuster Nr. 6 und Nr. 9 dienten als schnelle Reiseflugzeuge. Die Do 17 V 8 wurde zum Vorläufer der Fernaufklärerversion Do 17 F-1. Ausgerüstet mit Reihenbildgeräten schloß sich die Do 17 V 11 als F-2-Musterflugzeug an.

Mit der Do 17 E-1 kamen zwei DB 600 Motoren als Antrieb in die Erprobung. Ab 1937 folgten die Versuchsmaschinen Do 17 V 15 bis V 17 der Baureihe E-1 mit zwei Bramo 323. Die nachfolgenden V-Muster Nr. 18 bis 21 besaßen BMW 132 F Flugmotoren.

Beim Züricher Flugmeeting ging 1937 die Do 17 MV 1 als eindeutiger Sieger ihrer Klasse hervor. Das zweite Versuchsflugzeug hatte Bramo 323-Triebwerke. Die dritte Do 17 M war das Ausgangsmuster für die Serienproduktion. Im gleichen Jahr erschien auch die Aufklärerversion Do 17 P, welche zusammen mit der F-Reihe das Rückgrat der Aufklärungsgruppen 10, 11, 14, 22 und 31 bilden sollte. Mit geänderter Kabine, Bramo 323 A-1 Motor und wesentlich kampfstärker entwickelte Dornier die Ausführung Do 17 Z. Das erste V-Muster (D-ABVD) dieser Reihe ähnelte bereits stark der geplanten Musterausführung Do 17 Z-1. Die nachfolgende Do 17 Z-2 unterschied sich besonders durch die Verwendung des Bramo 323 P Fafnir Motors von der Z-1. Bis zum 11. Mai 1940 flogen 422

Do 17 Z bei den Kampfgeschwadern 2, 3, 76 und 77.

Als Führungsflugzeug für Kampfverbände erschien die Do 17 Z-3 »Stabsstaffel-Erkunder«. Sie besaß bis zu fünf MG 15, Reihenbildgerät und eine erweiterte Funkanlage. Die Do 17 Z-4 war ein Blindflugtrainer mit Doppelsteuer.

Die Do 17 Z-5 verfügte über die Ausrüstung der Do 17 Z-3. Zellenseitig annähernd identisch der Do 17 Z-2 besaß diese Version aber eine zusätzliche Seenotausrüstung für Einsätze über See.

Mit der Do 17 Z-6 sollte ein Wettererkunder zur Verfügung stehen. Wahrscheinlich kam es nur zum Bau eines Musterflugzeuges. Nicht zur Ausführung gelangte das Schlachtflugzeug »Geier«, die Do 17 Z-8.

Ebenfalls nur als Musterflugzeug flog die Z-9 mit speziellen Bombenschächten und modifizierter Reihenabwurfvorrichtung.

Die Do 17 Z-7 stellte einen Versuchnachtjäger (»Kauz I«) mit dem Waffenbug der Ju 88 C (drei MG 17, ein MG 151) dar. Dieser Interimslösung folgte die Do 17 Z-10 (»Kauz II«) als dreisitziger Nachtjäger mit neu konstruierter Bugspitze. Die Bewaffnung bestand aus einer 20 mm Kanone und bis zu vier MG 17. Diese Flugzeuge wurden bei der 2./NJG 1 und später auch beim 4. und 5./NJG 2 eingesetzt.

Einflugbetrieb bei Dornier in Friedrichshafen-Löwenthal.

Das Instrumentenbrett der dreisitzigen Do 17 M-1.

Der mit einem MG 15 in Kugellafette bestückte B-Stand einer Do 17 Z-2.

Ein mittleres Kampfflugzeug vom Typ Do 17 Z-3 mit ausgebauter Reihenbildanlage in der Einstiegsklappe.

Start zur »Bewaffneten Aufklärung« mit einer Do 17 P-1, Deutschland 1940.

Bruch einer Do 17 Z-2 im September 1940 in Frankreich.

Dornier Do 215

Die Do 215 war eine direkte Ableitung der Do 17 Z unter Verwendung der flüssigkeitsgekühlten DB 601-Triebwerke in 12 Zylinder V-Anordnung mit 1100 PS Leistung.
Die Do 215 V 1 (D-AFFY) ging einige Zeit nach ihrem Erstflug am 29. Oktober 1938 durch Unfall verloren. Zur Fortsetzung der Flugerprobung diente das zweite Versuchsmuster, welches versuchsweise französische Gnome et Rhone Motoren erhielt. Die Do 215 V 3 war der Vorläufer der A-1 Reihe mit DB 601 A-1.
Die Serienfertigung lief aber erst mit dem viersitzigen Fernerkunder Do 215 B-1 an. Der Bomber Do 215 B-2 flog mit einer auf fünf MG 15 erhöhten Abwehrbewaffnung und besaß ebenfalls DB 601 A-1 Motoren.
Die Do 215 B-3 erhielt DB 601 Aa Motoren mit 1175 PS Leistung. Sonst glich der Bomber dem Fernaufklärer Do 215 B-4 mit Reihenbildanlage.
Einige Do 215 B-2 und B-4 gingen als Export an Ungarn. Zwei Do 215 B-3 erhielt die sowjetische Luftwaffe.
Mit Auslieferung der Ju 88 D-1 verschwand die Do 215 B-4 bei den Einsatzverbänden 1.(F)/124 sowie Aufklärungsgruppe ObdL und wurden den Schulen oder verbündeten Luftwaffen zugewiesen.
Als »Kauz III« produzierte Dornier später noch eine Kleinserie der Do 215 als Nachtjäger mit Spanner-Anlage und FuG 202 Lichtenstein-Suchgerät. Bis auf die DB 601 Motoren entsprach der Typ weitestgehendst der Do 17 Z-10.
Der Höhenfernaufklärer Do 215 B-6 wurde nur in einem Versuchsmuster mit DB 601 T-Triebwerken, welche für eine Volldruckhöhe von 9000 m ausgelegt und mit zwei TK 9A-Höhenlader leistungsgesteigert waren, erprobt. Die 9600 kg schwere Maschine sollte eine Dienstgipfelhöhe von mehr 11000 m erreichen. Probleme mit der nicht ausgereiften und komplizierten Triebwerksanlage verhinderten jedoch die Serienreife.

Die zur I./KG 76 gehörende Einsatzmaschine wird mit einem abwaschbaren Nachtsicht-Schutzanstrich versehen.

Die Mehrzahl der von Dornier aus der Do 17 Z entwickelten Do 215 B-1 wurden Anfang 1940 an die 3./ObdL ausgeliefert.

Heinkel He 111

Die Heinkel He 111 a (nach Einführung des einheitlichen Bezeichnungsschema als V 1 bezeichnet) startete unter dem Heinkel Testpilot Gerhard Nitschke am 24. Februar 1935 in Rostock-Marienehe zum Erstflug. Das Flugverhalten und die Landeeigenschaften erwiesen sich von Anfang an als gut. Jedoch stellte sich in überzogenem Flugzustand eine Neigung zum Abkippen über die Tragfläche ein, so daß hier notwendigerweise noch Änderungen durchgeführt wurden. Die beiden Versuchsmuster für das Verkehrsflugzeug He 111 (V 2 und V 4) erhielten deswegen eine um zwei Meter auf 23,00 m Spannweite reduzierte Tragfläche. Bei den Versuchsmustern V 3 und V 5 betrug die Spannweite 22,60 m. Die zuvor nahezu elliptische Flügelform erfuhr an den Flächenhinterkanten eine Begradigung. Außerdem kam eine neue Flügelspitze zum Einbau.

Bei den ersten Versuchsmustern diente der zu schwache BMW VI 6.0 Z-Zwölfzylinder Reihenmotor mit 425 kW Leistung als Antrieb. Bei der He 111 V 5 wurde dann der stärkere DB 600 mit 735 kW Startleistung eingesetzt. Die He 111 V 5 war auch das Ausgangsmuster für die B-Serie. Von der He 111 A wurden nur wenige Flugzeuge gebaut, weil die Leistungen zu gering waren. Jedoch konnte Heinkel wertvolle Erfahrungen fürbden Serienbau sammeln.

Im Herbst 1936 ging die erste der zehn He 111 B-0ren. Jedoch konnte Heinkel wertvolle Erfahrungen für den Serienbau sammeln.

Im Herbst 1936 ging die erste der zehn He 111 B-0 Maschinen zur Erprobung nach Reungen in der militärischen Ausstattung erfolgte seitens des RLM die Bestellung von 300 Serienmaschinen der Ausführung He 111 B-1, welche ab Januar 1937 die Kampfverbände erreichten.

Mit den Ladermotoren DB 600 C (625 kW) und DB 600 G (700 kW) ausgerüstet, verließen die ersten Bomber der Baureihe He 111 B-2 im Mai 1937 das neu errichtete Heinkel-Werk in Oranienburg. Wegen der aufgetretenen Kühlungsprobleme erhielt die B-2 Serie außerdem zusätzlich Oberflächenkühler an der Flügelnase beiderseits der Triebwerke.

Nach Einführung des DB 600 Ga mit einer Startleistung von 770 kW rüstete Heinkel im Sommer 1937 die aus der B-0 Reihe entnommene He 111 V 9 mit diesem Triebwerk aus. Bei diesem Versuchsmuster waren noch die Oberflächenkühler der He 111 B-2 vorhanden. Diese wurden jedoch bei der He 111 D-0, dessen Ausgangsmuster die V 9 war, entfernt. Nach dem Bau der ersten Flugzeuge der D-0 Serie im Herbst 1937 scheiterte der Bau der D-1 Version bei den Heinkel-Werken in Marienehe und Oranienburg sowie Dornier in Wismar an dem Engpaß an DB 600-Triebwerken, welche vorranging für die Ausrüstung der Bf 109 und Bf 110 benötigt wurden. Weil diese Probleme bei Heinkel bereits rechtzeitig erkannt wurden, versuchte man eine Ausweichlösung durch die Verwendung der Jumo-Motoren zu finden. Hierzu erhielt die He 111 V 6 Mitte 1937 zwei Jumo 210 G mit 535 kW Leistung, welche sich aber als zu schwach herausstellten. Erst mit dem Einbau der leistungsstärkeren Jumo 211 A-1 (735 kW) befriedigten die Flugergebnisse. Daraufhin stornierte das RLM die D-1 Serie und forderte den Bau der He 111 E. Das Versuchsmuster (V 10) für die Vorserie (E-0), welche ab Januar 1938 zur Auslieferung kam, entnahm man der He 111 D-0 Reihe. Die He 111 E-1 lief ab Februar vom Band und traf im März 1938 bei der K/88 der Legion Condor in Spanien ein.

Bedingt durch einige Ausrüstungsänderungen begann die Großserie mit der He 111 E-3. Eine Variation mit zusätzlichen Außenlastträgern für 1000 kg folgte mit der E-4. Gleichzeitig lief eine kleine Serie He 111 E-5 mit vergrößerter Reichweite durch zusätzlichen Tankraum (835 l) im linken Teil des Bombenschachtes an.

Mit Einführung der neuen Tragflächenform, die Flügelvorderkante verlief nun gerade, weil der elliptische Flügel fertigungstechnische Probleme bewirkte, kam es Ende 1937 zur Ausbringung der He 111 F-1. Versuchsmuster hierfür waren die He 111 V 7 und V 11. Die He 111 F-1, mit Jumo 211 A-3, ging komplett an die Türkei. Ein Fertigungslos mit 40 He 111 F-4, sie entsprachen der E-4, aber ohne den zusätzlichen Kraftstoffbehälter im Rumpf wie bei der F-1, trafen bis Sommer 1938 bei der Luftwaffe ein.

Die He 111 D-1 war mit zwei DB 600Ga bestückt und gehörte zur frühen Ausrüstung der Luftwaffe.

Als Versuchsmuster für die Baureihe D-1 stand die He 111 V17 zur Verfügung; hier ein fast entsprechendes Serienmuster.

Winterflugbetrieb mit einer He 111 B-2 beim KG 154. Die Maschine wurde später an eine C-Schule abgegeben.

Die verbesserte Ausführung He 111 E-1 wurde bei der Legion Condor im Bereich Leon von der K 88 im März 1938 eingesetzt.

Als Torpedobomber mit DB 600 Motoren sollte die He 111 J zum Einsatz kommen. Das Flugzeug besaß zwei Außenträger für je einen LT, aber keinen Bombenschacht. Mitte 1938 stornierte das RLM den Auftrag, die Bombenschächte wurden nachgerüstet, und der Bomber als He 111 J-1, bis auf die Triebwerke identisch mit der F-4, ausgeliefert.

Wegen der schlechten Sichtverhältnisse für den Flugzeugführer führte Heinkel seit 1937 Studien für eine neue Kanzelverglasung durch. Im Januar 1938 erhielt die He 111 V 8, aus der B-0 Reihe entnommen, eine halbrunde Vollsichtkanzel mit asymmetrisch eingebauter Ikaria-Bugkuppel für das MG 15. Durch diese Konstruktion verkürzte sich die Gesamtlänge des Bombers um 1,10 m. Im Frühjahr 1938 folgte bei der V 7, sie diente bereits als Versuchsmuster für die neuen Trapezflügel ab der F-Serie, ebenfalls der Einbau dieser neuen Kanzel. Als weitere aerodynamische Verbesserung wurde der Senkturm gegen eine verkleidete Bodenwanne mit nach hinten unten gerichteten und um 90 Grad schwenkbaren MG 15 ausgetauscht. Auch der halboffene B-Stand erhielt nun eine Verglasung. Mit dem stärkeren DB 601 Aa (860 kW Startleistung) lief diese neue Baureihe mit der Bezeichnung He 111 P-0 als Vorserie im Herbst 1938 in Marienehe an. Im Winter 1938/39 kam es bei Arado in Warnemünde und Dornier in Wismar zur Lizenzproduktion der He 111 P. Ab Frühjahr 1939 gingen die ersten He 111 P-1 an die Kampfverbände. Der Bomber erreichte in 5000 m Höhe eine maximale Geschwindigkeit von 475 km/h und eine Marschgeschwindigkeit von 370 km/h. Diese reduzierte sich aber bei voller Ausnutzung der 2000 kg Bombenlast auf 305 km/h. Im Mai 1939 erschien mit besserer Funkausrüstung die He 111 P-2. Die zu Kriegsbeginn vorhandenen P-2 wurden jedoch nach und nach durch die He 111 P-4 mit verstärkter Panzerung, zwei zusätzlichen MG 15 in den Seitenfenstern sowie zwei PVC Außenträgern ersetzt.

Aus der He 111 P-0 und P-1 entstand in kleiner Stückzahl ab Herbst 1939 das mit Doppelsteuerung versehene Schulflugzeug He 111 P-3.

Die mit DB 601 N Motoren ausgerüstete He 111 P-6 stellte den Abschluß der He 111 P-Reihe dar. Im Sommer 1940 befahl das RLM die Einstellung der Baureihe He 111 P zugunsten der He 111 H. Darauf wurden einige aus den Verbänden zurückkommende He 111 P-6 in Schleppflugzeuge He 111 P-6/R2 für Lastensegler umgerüstet. Zehn He 111 P-6 gingen als Fernaufklärer an die ungarische Luftwaffe.

Wegen der ungewissen Lieferlage im Bereich der DB 601 Motoren — diese wurden bevorzugt für die Jägerproduktion gebraucht — begann Heinkel mit der Erprobung des Jumo 211 A in dem umgebauten siebten Versuchsmuster, welches nun die Bezeichnung He 111 V 19 trug. Die Maschine absolvierte im Januar 1939 ihren Erstflug und wurde Musterflugzeug für die He 111 H.

Die zur Truppe kommende H-1 Serie glich, bis auf die Jumo 211 A-1 Triebwerke (743 kW), der He 111 P-2. Bei Kriegsbeginn lief die Umstellung auf die He 111 H-2 mit dem 809 kW leistenden Jumo 211 A-3 an.

Mit Stand vom 2. September 1939 verfügte die Luftwaffe über 787 He 111. Darin enthalten war die beachtliche Anzahl von 400 He 111 H-1 und H-2, welche in nur vier Monaten gefertigt wurden.

Ab November 1939 begann der Großserienbau der He 111 H-3 mit den stärkeren Jumo 211 D-1 (880 kW).

Ende 1940 folgte in kleiner Stückzahl die Fertigung der He 111 H-4 mit Jumo 211 D-1 und H-1. Ihre Bombenlast im Rumpf war auf 4 x 250 kg beschränkt, dafür kam aber der PVC-Außenträger für eine Einzellast bis 1800 kg zum Einbau. Mit der H-4 nahezu identisch, erschien im Februar 1941 — in geringer Auflage — die He 111 H-5, welche aber eine stärkere Panzerung für die Besatzung aufwies. Außerdem konnte die Maschine als Fern- und Nachtaufklärer sowie als Beleuchter eingesetzt werden.

Mit der Einführung der He 111 H und P erhielten die Bombergruppen der deutschen Kampfgeschwader Einsatzflugzeuge, die sich in den ersten Kriegsjahren bewährten.

Eine He 111 H-1 während der Kompensierung.

Im Herbst 1940 lag das KG 55 auf den Plätzen Villacoubly, Dreux und Chartres. Bei den Bomben handelte es sich um SC 500.

Beladung einer He 111 an der Ostfront, 1942.

Eine noch recht jugendliche Besatzung im Cockpit einer He 111 H-2.

Eine deutliche Verbesserung wurde mit der He 111 H-6 erreicht. Als Motoren fanden der Jumo 211 F-1 mit 990 kW Leistung Verwendung. Die Bewaffnung wurde durch ein MG-FF im Bugstand verstärkt. In der Bodenwanne waren ein MG 15 sowie ein starres MG 17 im Rumpfheck und MG 15 in den Seitenfenstern installiert. Im Rumpf befand sich die bewährte Abwurfanlage mit viermal ESAC 250/IX. Unter dem Rumpf konnten Torpedos oder Bomben bis 2000 kg (zwei ETC 2000/XII A oder PVC 1006) mitgeführt werden. Aus der H-6 entstand Mitte 1942 die doppelrumpfige, fünfmotorige He 111 Z-1 als Schleppflugzeug für die Me 321. Als Projekte geplant waren ein Langstreckenbomber (Z-2) und Langstreckenaufklärer (Z-3) auf Basis der Z-1.

Die He 111 H-7 entsprach der H-6, hatte aber keine Einbauvorrichtung für das MG 17 im Heck.

Etwa dreißig He 111 H-3 und H-5 mit Jumo 211 D erhielten ein Ballonabweisergestell mit Kabelschneider vor Motor und Kanzel. Durch das Mehrgewicht von Umrüstsatz und Ausgleichsballast wurde die Maschine recht schwerfällig. Nach mehreren Verlusten rüstete man die Mehrzahl der verbliebenen He 111 H-8 in Schleppfahrzeuge He 111 H-8/R2 um.

Die He 111 H-9 war eine für Sondereinsätze umgerüstete H-6.

Bei der He 111 H-10 kam der Jumo 211 F-2 zum Einbau. Die Maschine besaß eine Kuto-Nase als Kabelschneider. Mit der He 111 H-11 stand ein relativ leistungsfähiger Mittelstrecken-Bomber mit nochmals verstärkter Panzerung und Abwehrbewaffnung zur Verfügung. So erhielt der geschlossene B-Stand Panzerglasscheiben und eine Walzenlafette WL 131 AL für ein MG 131. Das MG 15 in der Bodenwanne wurde durch zwei MG 81 ersetzt. Das seitliche MG 15 konnte bei der Truppe durch das MG 81 Z ausgetauscht werden. Mit dieser Änderung erhielt die H-11 die Bezeichnung He 111 H-11/R1. Mit He 111 H-11/R2 wurden Maschinen gekennzeichnet, wenn sie mit Schleppkuplung ausgestattet waren.

Ab Anfang 1943 kam die für Schulungs- und Versuchszwecke mit zwei Gleitbomben Hs 293 A umgerüstete He 111 H-12 in kleiner Stückzahl zur Auslieferung. Der Steuersender »Kehl III« war im B-Stand untergebracht. Der Kampfbeobachter steuerte die Hs 293 von der vorderen Kanzel aus. Die Bodenwanne der He 111 H-12 war — laut Original-Werksunterlagen — mit je einem MG 81Z und MG 15 bestückt.

Die He 111 H-14 war ein für »Pfadfinderzwecke« mit Sonderfunkgerät umgerüstete Version der He 111 H-10. Etwa 30 Flugzeuge kamen im Rahmen des »Sonderkommandos Rastedter« über dem Atlantik zum Einsatz. Weitere 20 Maschinen gingen ohne Sonderfunkausstattung, aber mit Schleppkupplung als He 111 H-14/R2 an die Ostfront. Die He 111 H-15 war ebenfalls ein »Pfadfinderflugzeug«, diente aber teilweise als Versuchsmuster für den Abwurf von BV-Gleitbomben.

Über alle seit der H-6 eingetretenen und für den Einsatz erforderlichen Änderungen verfügte die ab 1942 in Großserie hergestellte He 111 H-16. Als H-16/R1 wurde sie mit MG 131 im elektrisch betriebenen Waffenturm auf dem Rumpf (B-Stand) ausgeliefert. Mit einer Schleppdeichsel — eine Starrschleppkupplung für Lastensegler — erhielt sie die Bezeichnung H-16/R2. Die H-16/R3 war ein Pfadfinderflugzeug mit verstärkter Panzerung bei veringerter Bombenzuladung.

Die He 111 H-18 war mit Abgasflammenvernichter speziell für den Nachteinsatz gedacht. Die Unterversion H-18/R3 erhielt den Sonderfunkgerätesatz der H-14. Diese Flugzeuge kamen auch als Torpedobomber mit Schiffsuchgerät FuG 200 »Hohentwiehl« zum Einsatz.

Die He 111 V 46 bis V 48 dienten als Versuchsmuster für die He 111 H-20. Mit der Zelle der H-16 fand sie mit vier Rüstsätzen verschiedene Verwendung, so als Kampftransporter für 16 Fallschirmjäger (R1), Transport- und Schleppflugzeug (R2), Nachtbomber mit verstärkter Bewaffnung (R3) und Störbomber für Nachteinsatz (R4).

Anfang 1944 löste der Jumo 213 mit 1287 kW Startleistung nach und nach den Jumo 211 ab. Die He 111 H-21 sollte als erstes dieses neue Triebwerk erhalten. Die ersten 22

Exemplare erhielten außerdem den Jumo 211 F mit Abgasturbolader. Ab Spätherbst 1944 stand dann auch der Jumo 213 zur Verfügung. Die H-21 entsprach, bis auf strukturelle Verstärkungen, der H-20/R3 und erreichte eine Abflugmasse von 16000 kg. Die maximale Bombenlast konnte nun auf 3000 kg erhöht werden. Ohne Bomben erreichte das Kampfflugzeug eine Höchstgeschwindigkeit von 480 km/h.

Im Frühjahr 1944 wurden zahlreiche He 111 H-21 für den Abschuß der V 1 (Fi 103) umgerüstet und trugen nun die Bezeichnung H-22. Zur Jahresmitte kam es auch zum Umbau von Flugzeugen der Reihe He 111 H-16 und H-20 zum V-Waffenträger. Es konnte je eine Fi 103 unter dem linken oder rechten Außenträger zwischen Rumpf und Motorgondel transportiert werden.

Die letzten im Herbst 1944 die Endmontage verlassenden He 111 wurden zum Absetzen von acht Fallschirmagenten umgerüstet. Als Triebwerk für die He 111 H-23 diente der Jumo 213 A-1 mit 1308 kW Startleistung. Nach Erreichen der Kampfverbände, rüsteten diese die Maschinen truppenseitig zu Bombenflugzeugen zurück.

Als Prototyp für einen geplanten Höhenbomber He 111 R diente die aus der H-6 Serie entnommene He 111 V 32. Mit einem DB 601 U Triebwerk und TK 9 AC Turbolader wurde diese Maschine Anfang 1944 erprobt. Es sollte sich hierbei um eine Interimslösung, wegen der Probleme beim »Bomber B«-Programm handeln.

Als Versuchsmaschine nahm die He 111 H-6 mit TK 9AC die Erprobung auf, die geplanten R-Baureihen wurden allerdings wegen ihrer technischen Aufwendigkeit nicht realisiert.

Eine intensiv getarnte He 111 der 4./KG 53.

Diese beiden He 111 haben gerade die Endmontage bei Heinkel verlassen.

Eine zum KG 26 gehörende He 111 H-1 während der Vorbereitung des Triebwerktests.

Als Zielfinder wurde diese He 111 H-3 des KG 100 eingesetzt.

Die Triebwerksanlage dieser vor einer gut getarnten Halle stehenden He 111 H-4 ist ebenfalls mit Flammenvernichtern ausgestattet.

Zwei Einsatzflugzeuge des Kampfgeschwaders 26. Gut erkennbar die Flammenvernichter sowie ein zusätzliches MG 15 im Bug.

Betanken einer He 111 H an der Ostfront.

Ein »Zielfinder« (He 111 H-14) des KG 100 in Bordeaux-Merignac mit der dafür typischen Antennenanlage.

Dornier Do 217

Anfang 1938 wurde die Baubeschreibung Nr. 1323 für ein zweimotoriges Bomben-, Fernerkundungs- und Verneblungsflugzeug mit DB 601 B Motoren aufgestellt und im Februar des gleichen Jahres dem RLM zur Prüfung vorgelegt. Der Dornier-Entwurf beruhte auf einer Abwandlung der Do 17 M. Neben der Vollsichtkanzel der Do 17 Z erhielt der Rumpf einen größeren Bombenschacht, der die Aufnahme von maximal zwei 500 kg und zehn 50 kg Bomben gewährleistete. Als Fernaufklärer sollte das Flugzeug ein Reihenbildgerät Rb 50/30 vor dem Vorderholm der Tragfläche und eine weitere Kamera Rb 20/30 im zweiten Bombenraum aufnehmen. Für Fernflüge dachte Dornier an abwerfbare Zusatztanks im vorderen Bombenraum. Für die Verwendung als Vernebelungsflugzeug sollten zwei Nebelerzeuger des Typs S 200 zum Einbau kommen.

Für alle drei Versionen galt die Vergrößerung der Spannweite gegenüber der Do 17 M auf 19,00 m. Mit einem Fluggewicht von 10200 kg würde eine Geschwindigkeit von 520 km/h möglich sein. Als Triebwerke wurden der DB 601 B, Jumo 211, Bramo 329 oder BMW 139 (Vorläufer des BMW 801) vorgeschlagen.

Gleichzeitig befaßte sich Dornier mit dem Einsatz der Do 217 als See-Stuka. Hierzu sollte das Flugzeug Doppelschwimmer erhalten. Im April und Mai fand eine Besichtigung der Attrappen der fertiggestellten Do 217 WV1 und V2 statt. Ende August 1938 mehrten sich die Argumente gegen ein Schwimmerflugzeug für die Marineflieger und gaben der landgestützten Version eines »Atlantikbombers« mit seinen zahlreichen Einsatzmöglichkeiten den Vorzug. Anfang Januar 1939 stoppte das RLM alle Arbeiten am »See-Stuka«. Hierauf legte Dornier am 8. Juli 1939 eine Baubeschreibung für den »Gleitbomber Do 217 E für volle Seeverwendung mit BMW 801 Motoren« vor. Im Gegensatz zur früheren Beschreibung sollte die Do 217 E einen neuen Rumpfbug erhalten und der A-, B-und C-Stand mit einem MG 15 bestückt sein. Die Bombenlast betrug maximal zwei SC 500 und zwei SC 250. Auch die Mitnahme der Luftmine LMB III oder ein Torpedo F 5 im Bombenschacht war möglich. Am Heck sah Dornier eine Sturzflugbremse vor. Das Fluggewicht erhöhte sich auf 10500 kg, die Höchstgeschwindigkeit sollte 530 km/h betragen.

Am 4. Oktober 1938 absolvierte die Do 217 V1 ihren Erstflug. Bereits sieben Tage später stürzte die Maschine während der Erprobung des Einmotorenfluges ab. Das zweite Versuchsmuster wurde am 5. November flugklar. Die dritte Versuchsmaschine erhielt anstelle der DB 601 A Reihenmotoren zwei Jumo 211 A-Triebwerke und startete am 25. Februar 1939 zum Erstflug. Die gleichen Triebwerke besaß die ab April 1939 in Friedrichshafen und anschließend in Rechlin geflogene Do 217 V 4. Als vordringlich galt es nun, die Leistungen mit diesen Triebwerken zu erfliegen, wozu ab 22. Juni 1939 auch das fünfte Versuchsflugzeug zur Verfügung stand. Später erhielt die Maschine zwei DB 601-Triebwerke und war dann die dritte von sechs als Aufklärer vorgesehenen Do 217 A-0.

Die Do 217 V 6 war ebenfalls mit DB 601 Motoren bestückt, während beim siebten Versuchsmuster der BMW 139 und ab der Do 217 V 8 der BMW 801 zum Einbau kam. Als Mustermaschine für die E-Serie entstand zu dieser Zeit die Do 217 V1E. Während die Do 217 A und C nur in geringen Stückzahlen gebaut wurde, war die Do 217 V1E die Mustermaschine für die Do 217 E-0 und schließlich die Großserie des »Kampfflugzeuges für den Atlantikeinsatz«. Der Erstflug der Do 217 E-1 erfolgte am 1. Oktober 1940 in Friedrichshafen.

Diese Typenreihe besaß zwei BMW 801 Ma-1 Sternmotoren mit 1147 kW Leistung. Neben drei MG 15 kam teilweise eine 20 mm Waffe, starr im Rumpfbug eingebaut, zum Einsatz. Die Vielfalt der Abwurfwaffen reichte von 16 SC 50 bis zu maximal einer SC 1800. Ebenso konnten zwei Luftminen LMA oder ein Torpedo F 5 mitgeführt werden. Die sich anschließende Version E-2 konnte zusätzlich eine Luftmine LMB transportieren. Die Do 217 E-2, das Musterflugzeug stellte die V 18 dar, unterschied sich von der E-1 besonders durch die stärkere Bewaffnung mit Drehringlafette DL 131/1 im B-Stand und MG 131 im C-Stand, sowie Kuto-Nase. Außerdem konnte die maximale Bombenlast auf 4000 kg gesteigert werden. Die Do 217 E-1 und E-2 erreichten bei kriegsmäßiger Ausrüstung und zwei 900 l Zusatztanks unter den Außenflügeln eine Reichweite von 3700 km. Die Fluggeschwindigkeiten lagen dabei zwischen 385 und 485 km/h. Die Mehrzahl dieser Flugzeuge ging an das KG 2 und KG 40, wo sie die Do 17 ablöste.

Die Do 217 E-3 mit MG-FF und teilweise mit zusätzlichen MG 151 im Bug diente besonders der Schiffsbekämpfung über dem Atlantik, den Kanal und der Biscaya, entsprach sonst aber der E-1 Serie.

Die Do 217 E-4 war, bis auf den A-Stand mit MG-FF, baugleich der Do 217 E-2. Auch diese Version diente besonders dem Einsatz über See.

Für den Gleitbombeneinsatz erhielt die Do 217 E-4 zusätzliche Flügel-ETC 2000/XII sowie Sendegerät FuG 203b »Kehl III« und trug die Bezeichnung E-5. Erste scharfe Einsätze fanden am 25. August 1943 gegen alliierte Seestreitkräfte über der Biscaya statt.

Die Do 217 A-0 stellte bei der Luftwaffe eine Rarität dar. Die hier vorgestellte Maschine gehörte zum KG 2, das von Soesterberg operierte.

Eine Do 217 E-2 der 1./KG 66 auf dem Einsatzhorst Montdidier.

Aus der Do 217 E-2 entstand die E-4; hier Maschinen der 8./KG 2 vor dem Verlegungsflug nach Südfrankreich.

Bei der Do 217 E galten die Fahrgestelle als zu schwach; es kam oftmals zu Brüchen bei Schiebelandungen.

Die Do 217 E-4/R1, auch als Flugzeug für den Atlantikeinsatz propagiert, war in der Lage, eine 900 kg schwere Luftmine des Typs LMB III mitzuführen.

Diese Do 217 E-4 der 7./KG 2 in Glize-Rijn flog 1943 Sondereinsätze im Tiefstflug über England. Die Bugbewaffnung bestand deshalb aus einem 20 mm MG FF sowie einem starren MG 151/20.

Ein Seekampfflugzeug des Typs Do 217 E-4 (III./KG 100) in Istres.

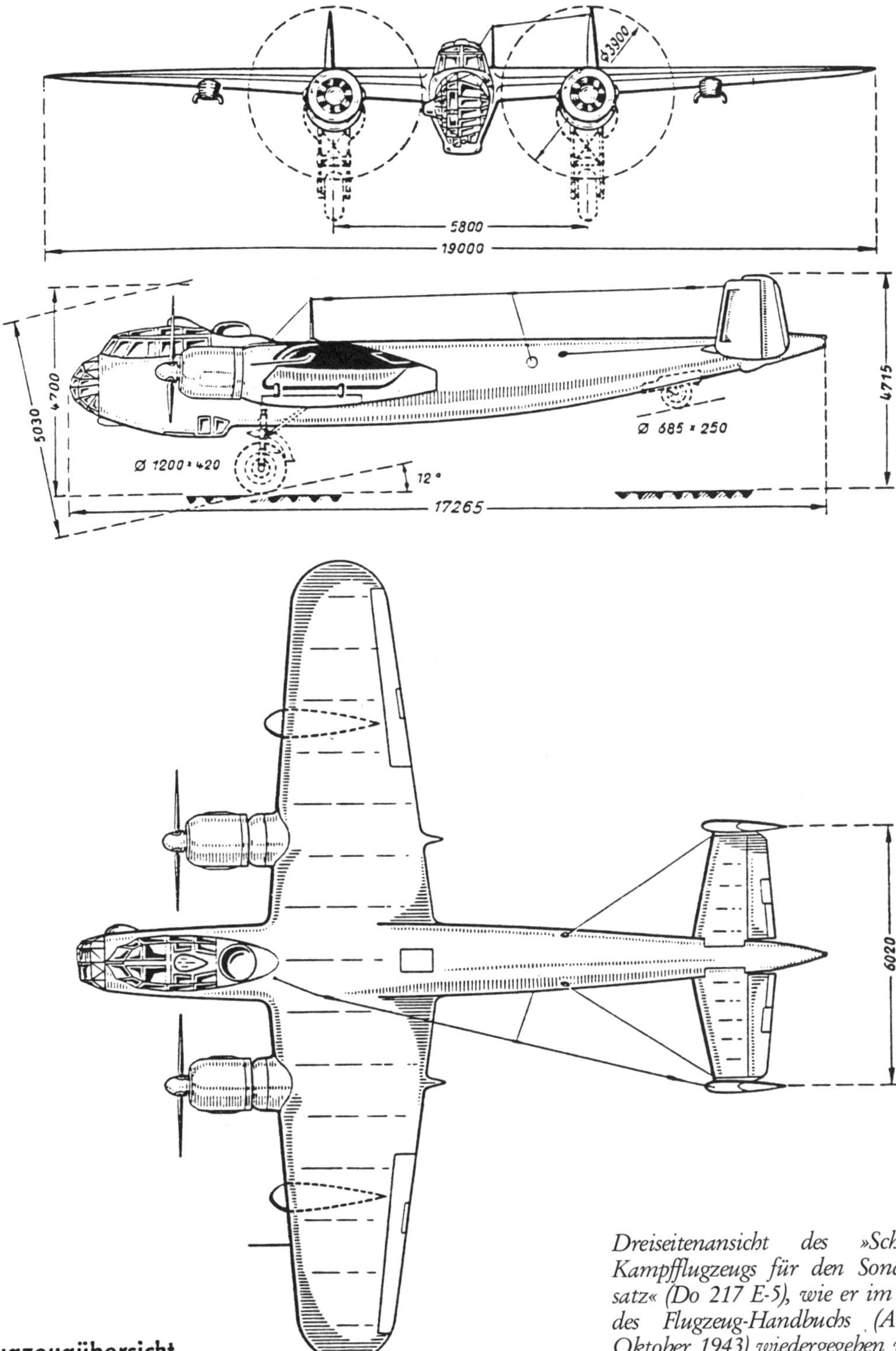

Dreiseitenansicht des »Schweren Kampfflugzeugs für den Sondereinsatz« (Do 217 E-5), wie er im Teil 0 des Flugzeug-Handbuchs (Ausgabe Oktober 1943) wiedergegeben wurde.

Flugzeugübersicht

Anfang 1942 begannen bei der Hamburger Schiffbauanstalt Wasserschleppversuche mit einer neuen Kanzelform für die Do 217. Aus der E-2 Serie entnahm man eine Maschine und rüstete diese mit der neuen Vollsichtkanzel um. Der Erstflug erfolgte, nach der Lösung einiger konstruktiven Schwierigkeiten, am 31. März 1942. Die zunächst mit zwei BMW 801 A-1 angetriebene Do 217 KV 1 durchlief die Erprobung in Löwenthal und Rechlin. Es schloß sich die Do 217 K-01 an. Anfang 1943 begann die Serienfertigung der Do 217 K-1 bei den Norddeutschen Dornier Werken in Wismar. Als Triebwerk wurde der BMW 801 (1147 kW) gewählt. Die Bewaffnung bestand aus einem MG 81Z im A-Stand. Im B- und C-Stand kam ein MG 131 zum Einbau. Zwei bis vier MG 81 I konnten zusätzlich in seitlichen Fensterlafetten eingesetzt werden. Durch zahlreiche Rüstsätze ließ sich der Bomber den jeweiligen taktischen Anforderungen anpassen. Mit einem mittleren Fluggewicht von 12700 kg erreichte die Maschine in 5200 m eine Geschwindigkeit von 520 km/h. Einige K-1 wurden aus der Do 217 E-4 umgerüstet.

Die Ausführung Do 217 K-2 entsprach der Version K-1, erhielt aber eine Tragflächenvergrößerung. Die Maschine diente dem Gleitwaffeneinsatz mit zwei FX-Lenkbomben. Im Sommer 1943 erfolgte in geringen Stückzahlen die Umrüstung für den Einsatz mit der Gleitbombe Hs 293. Die Maschinen trugen dann die Bezeichnung Do 217 K-2/U1. Teilweise erfolgte auch eine Umrüstung aus der K-1 zur K-2. Bei einigen Maschinen kam eine starre Heckbewaffnung mit MG 81 Z zum Einbau.

Die Do 217 K-3 war ebenfalls ein Lenkwaffenträger (Fritz X, Hs 293) und wurde im Spätsommer 1943 aus der Do 217 M-1 umgerüstet und mit der vergrößerten Fläche der K-2 versehen. Bei Verwendung der Mittelaufhängung (Rumpf-ETC) trug die Version die Bezeichnung K-3/U1. Teilweise verfügten diese Flugzeuge über eine gesteigerte Abwehrbewaffnung in Form eines MG 81 Z und MG 81 I im Bug.

Wegen des steigenden Bedarfs an BMW 801 Sternmotoren für die Fw 190-Fertigung sollte ab Mai 1942 die Do 217 M mit DB 603 A-1 Reihenmotor anlaufen. Infolge einiger Probleme mit dem nicht vollständig ausgereiften Triebwerk erfolgte der Erstflug der Do 217 MV 1 im Sommer 1942. Daher verzögerte sich der Serienanlauf bis zum Sommer 1943. Bis auf die Triebwerke entsprach die M-1 grundsätzlich der Do 217 K-1. Die Defensivbewaffnung des schweren Kampf- und Sturzkampfflugzeuges bestand aus einem MG 131 im Bug, zwei MG 81 I in den Fensterlafetten und zwei MG 131 im B- und C-Stand. Die in einigen wenigen Exemplaren ausgelieferte Do 217 M-1/U2 verfügte über eine »Kehl IV« Anlage und konnte entweder zwei PC1400X oder zwei Hs 293-Gleitbomben mitführen.

Der Torpedobomber Do 217 M-2 hatte die Zelle der M-1 mit Normalfläche und die notwendige Ausrüstung für LT-Einsätze. Die Mustermaschine hatte die Kennung GB+CY und wurde am 21. Juni 1943 in Gotenhafen während der Erprobung mit dem LT zerstört. Eine Serienproduktion entfiel, weil das RLM die Ju 88 als Standard-Torpedobomber bevorzugte.

Im Dezember 1942 stellte Dornier die Baubeschreibung für die Do 217 M-3 vor. Das schwere Kampfflugzeug mit vier Mann Besatzung sollte eine Flügelfläche von 59 m² bei einer Spannweite von 19,80 m besitzen. Das Leitwerk war erstmals serienmäßig dreieckig. Als Antrieb für die 15800 kg schwere Maschine dienten zwei DB 603-Motoren. Als Musterflugzeug fand eine Do 217 M-1 mit Flächen der K-2 Verwendung. Im November strich das Technische Amt auch diese Ausführung zugunsten der leistungsstärkeren Ju 188 ebenso wie die mit Sonderbewaffnung und Abgasturbolader vorgesehene Do 217 M-4. Gleichzeitig sollte die für den Flugkörpereinsatz bestimmte Version M-5 nicht zur Ausführung kommen.

Die Do 217 M-8 stellte den Abschluß der Entwicklung bei Dornier mit dem Abgasturbolader dar. Das erste Musterflugzeug flog im Mai 1943 in Rechlin. Mit der auf 67 m² vergrößerten Fläche sollte der 17200 kg schwere Bomber besonders für Höheneinsätze genutzt werden. Das RLM strich dieses Vorhaben ebenfalls. Die beiden Prototypen und

zwei Musterflugzeuge mußten ausgeschlachtet werden. Die Do 217 M-9 entsprach der M-3 mit großer Fläche und sollte sowohl PC1400X als auch Hs 293 tragen können.
Die Do 217 M-10 war ein Umbau der M-1 mit Sparstoff-Tragflächen, welche zwecks Einsparung hochwertiger Rohstoffe Holz und Stahlteile enthielten. Nach aufwendigen Vorarbeiten in Wismar strich das RLM auch diese Version.
In Serie ging die Do 217 M-11, ein Sonderkampfflugzeug mit einer unter dem Rumpf angebrachten FX-Bombe. Die Mehrzahl dieser Flugzeuge traf ab Mai 1944 beim KG 100 ein. Als Triebwerk diente ein DB 603 A-2 mit Vierblatt-Luftschraube und Flammenvernichter-Rohren. Als Abwehrbewaffnung kamen drei MG 131 und zwei MG 81, sowie im Hecksteiß die Waffenanlage der K-2/K-3 zum Einbau.
Ende 1941 überprüfte Dornier außerdem die Möglichkeit zum Bau eines schweren Stukas Do 217 R auf Basis der E-1 mit Kanzel der K-1 und vergrößerter Spannweite. Die Arbeiten wurden Ende 1943 eingestellt und die beiden Versuchsmuster Do 217 RV1 und RV2 verschrottet.

Die WerkNr. 4586, eine Do 217 K-1 der 7./KG 2 in Coulommiers, weist die typische Defensivbewaffnung aus MG 81 I in der seitlichen Kabinenverglasung auf.

Als A-Stand erhielten die Do 217 K-1 entweder ein MG 131 oder ein MG 81 Z. Die Maschine gehörte 1943 zum Bestand des KG 2.

Mit Rückblickfernrohr wurde diese aus einer K-1 umgebaute Do 217 K-2 (WerkNr. 4572) ausgerüstet. Die meisten K-2 kamen beim KG 100 zum Einsatz.

Eine Do 217 K-1 im Frühsommer 1944 in München-Riem, wo damals über 100 mehrmotorige Kampfflugzeuge der Luftwaffe im Bereich des Rollfeldes aufgereit standen.

Die Do 217 HV3 (DD+LW, WerkNr. 217 080023) diente vornehmlich der Erprobung mit zwei DB 603 und galt als Vorstufe der Do 217 M 1.

Eine mit FuG 215 »Neptun R«, einem Rückwärtswarngerät, ausgerüstete Do 217 M-1 (WerkNr. 722753) der 7./KG 2 in Frankreich.

Die U5+DR (II. Gruppe des KG 2) in Coulommiers. Die Maschine wurde mit einem speziellen Nachtanstrich versehen und mit Flammenvernichtern ausgerüstet.

Eine als Fernaufklärer verwendete Do 217 M-1 der F-Gruppe Nacht nach dem 1.500 Motorenwechsel beim Verband.

Diese Zeichnung war Teil des Handbuchs Teil 0 des »Schweren Kampfflugzeugs: Do 217 K-1 (Stand: Juli 1943).

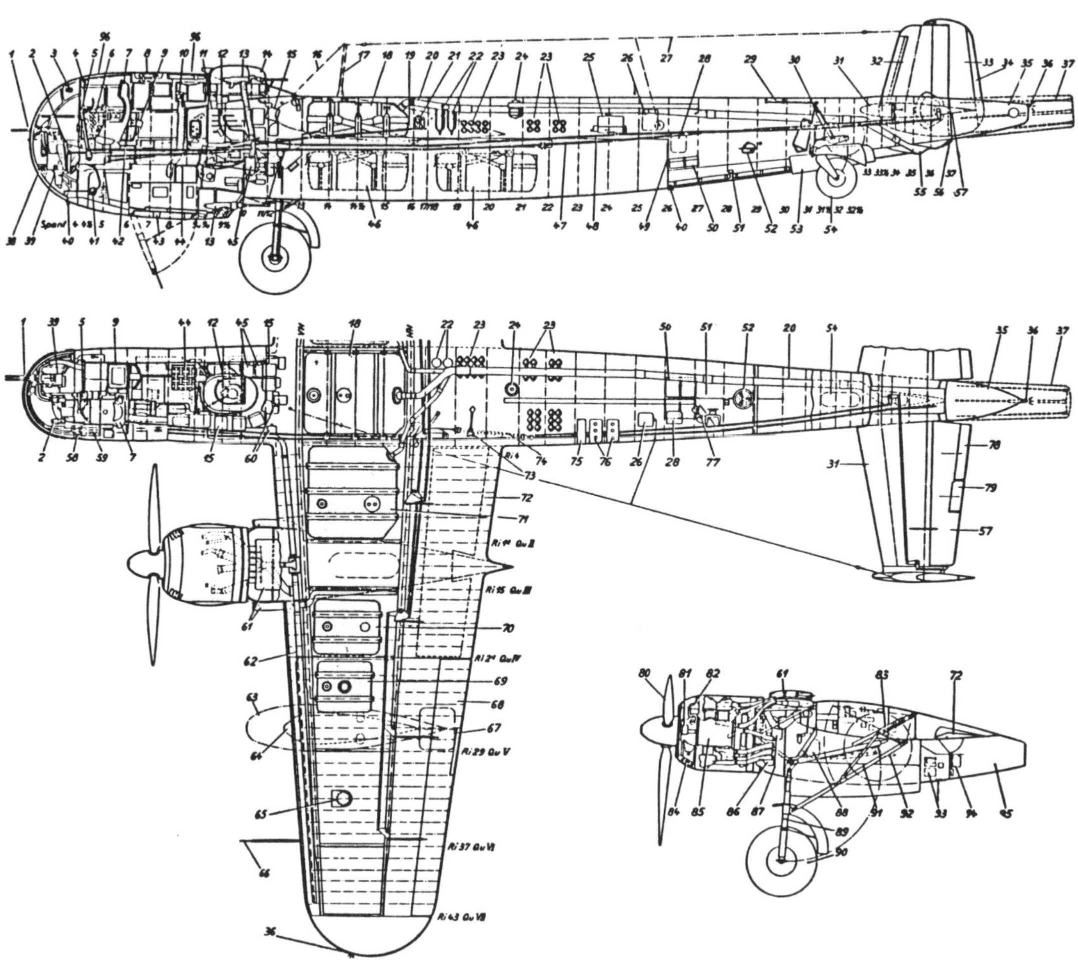

Do 217 K-1

1 MG 81 Z inLg 81 Z 2
2 Seitensteuerpedal
3 Führerkompaß FK 38
4 Gerätetafel an Spant 4 oben
5 Steuersäule
6 Gerätetafel zwischen Spant 4 und 6 rechts (3 Stück)
7 Führersitz
8 Peilrahmen
9 Klappsitz (Kampfbeobachter)
10 MG 81 J
11 Elt. Hauptschalttafel
12 Funkersitz
13 MG 131 A2 in DL 131/1 A
14 Abwerfbare Plexiglashaube
15 FT-Geräte
16 Antenne für FuG 16
17 Antennenmast
18 Rumpf-Hilfsbehälter
19 Quersteuerwerk
20 Schnellablaß
21 Fahrwerkgetriebe
22 CO_2-Flaschen für Schnellablaß
23 Sauerstoffflaschen
24 Einspritzbenzinbehälter
25 Vorhalterechner JVR 1
26 Antennenabstimmgerät »Fest«
27 Festantenne
28 Antennenabstimmgerät »Schlepp«
29 Sporneinziehvorrichtung
30 Spornfederbein
31 Höhenflosse
32 Seitenflosse
33 Seitenruder
34 Seitentrimm- und Ausgleichsruder
35 Rumpfendkappe
36 Kennlicht
37 Sturzbremse (Rüstsatz 25)
38 Kamera »Robat«
39 Lotfe 7D
40 Zusatzkennlicht
41 Ausgleichsgewicht für Steuersäule
42 Höhenflossentrimmhandrad
43 Einstiegluke
44 Klappsitz (Bordwart-Schütze)
45 Bordstromsammler
46 Kraftstoff-Zusatzrumpfbehälter (Rüstsatz 17)
47 Seitensteuerwerk
49 Mannlochdeckel im Spant
50 Taschen für Heißzubehör
51 Dipol-Antenne
52 Mutterkompaß
53 Spornklappen
54 Spornrad
55 Notsporn und Schnellablaßaustritt
56 Schleppöse
57 Höhenruder
58 Gerätetafel links vor Bedienbank
59 Bedienbank
60 Kurssteuergerät
61 Flammendämpfer
62 Heizung
63 Kraftstoff-Außenbehälter
64 Außenlastträger (Rüstsatz 10)
65 Scheinwerfer
66 Staurohr
67 Quertrimm- und Ausgleichsruder
68 Querruder
69 Kraftstoff-Flächenhilfsbehälter
70 Schmierstoffbehälter
71 Kraftstoff-Hauptbehälter
72 Landeklappen
73 Ausgleichspendel für Höhensteuerwerk
74 Landeklappensicherung
75 Sanitätspack
76 Notproviantbehälter
77 Schleppantenne
78 Höhentrimm- und Ausgleichsruder
79 Sturztrimmruder
80 Verstell-Luftschraube
81 Elt. Verstellgerät
82 Zündmagnet
83 Fahrwerkeinziehspindel
84 Schmierstoffkühler
85 Motor BMW 801 A
86 Behälter für Kommandogeräte
87 Gehäuseentlüfung
88 Enteisungsbehälter (nur rechts)
89 Fahrgestell-Federstrebenrahme
90 Laufrad
91 Druckstrebenrahmen
92 Handandrehvorrichtung (nur
93 FuG 25 (nur rechts)
94 FuG 101 (nur rechts)
95 Motorgondel
96 Abwerfbare Deckenteile

Junkers Ju 88

Im August 1935 stellte das RLM die Forderung nach einem unbewaffneten, dreisitzigen Schnellbomber mit einer militärischen Nutzlast von 800 bis 1000 kg. Im November 1936 erhielten Henschel, Messerschmitt und Junkers die Ausschreibungsvorgaben.
Im Juni 1936 stellte Junkers eine erste Attrappe der künftigen Ju 88 dem RLM vor, welches daraufhin einen Vertrag über den Bau von zwei »Schnellbomber« (WerkNr. 4941 und 4942) mit 2000 km Reichweite und zwei DB 600-Motoren zusammen mit drei weiteren Flugzeugen (WerkNr. 4943 und 4945) mit Junkers Jumo 211 sowie eine Vorserie von 17 Ju 88 vergab.
Es folgte der Bau von zwei unterschiedlichen Ausführungen. Die Ju 88 V 1 und V 2 waren unbewaffnet. Dagegen besaßen die Ju 88 V 3 bis V 5 drei Abwehrstände, eine erweiterte Ausrüstung und die Möglichkeit, zwei schwere Bomben unter den inneren Tragflächen zu transportieren. Der nächste Schritt war ein vollständig überarbeiteter Entwurf für einen Stuka mit großer Reichweite und vier Mann Besatzung. Der Entwurf zeichnete sich durch verstärkte Tragflächen, ein vergrößertes Leitwerk und einen längeren Rumpf aus. Zusatztanks wurden in die Flügel integriert und die Abwehrbewaffnung (drei oder mehr MG 15) verstärkt.
Ein Jahr später, am 21. Dezember 1936, startete die Ju 88 V 1 zum Erstflug. Erst ein Teil der Erprobungsflüge, hiernach sollten die Tragflächen und Ruder vergrößert werden, wurde absolviert, als die V 1 am 10. April 1937 verlorenging.
Am selben Tag startete die Ju 88 V 2 zu ihrem Erstflug. Sie besaß anfangs eine zu kleine Bugsektion und diente später für verschiedene Entwicklungsaufgaben im Bereich der Ju 288.
Die Ju 88 V 3 flog erstmals am 13. September 1937. Das Versuchsmuster besaß Jumo 211-Motoren und erreichte während der Erprobung in Rechlin eine Höchstgeschwindigkeit von 520 km/h. Das RLM verlangte nicht nur deshalb die schnelle Weiterentwicklung zur Serienreife des Jumo 211, sondern auch, da die Mehrzahl der DB-Motoren für die Jägerproduktion gebraucht wurde.
Einen Monat später forderte Generalluftzeugmeister Ernst Udet vordringlich die Auslegung der Ju 88 als schweren Sturzbomber, anstelle des ursprünglichen Verwendungszweckes als unbewaffnetes, zweimotoriges Schnellkampfflugzeug.
Gestützt wurde diese Entscheidung auf den unerwarteten Erfolg der Ju 87. Im Dezember 1937 forderte das RLM von Junkers die forcierte Weiterentwicklung der sturzkampffähigen Ju 88. Aus diesem Grund wurde die Entwicklungsabteilung in Dessau immer mehr verstärkt. Besonderes Interesse galt daher den Sturzflugbremsen und der Abfangautomatik.
Am 24. Februar 1938 stürzte die Ju 88 V 3 bei Nürnberg während eines geheimen Rekordfluges — 2000 kg Abwurfwaffen waren über eine Strecke von 2000 km zu transportieren — ab.
Zwei Wochen zuvor, am 2. Februar, war die Ju 88 V 4 erstmals aufgestiegen. Zusammen mit der Ju 88 V 6, waren dies die ersten Versuchsmuster für den schweren Stuka und damit Prototypen der geplanten A-1 Serie.
Die Ju 88 V 5 startete am 13. April des gleichen Jahres zum Erstflug. Sie besaß eine verlängerte Kabine sowie Jumo 211 B-1 Motoren und diente unbewaffnet verschiedenen Hochgeschwindigkeitstests. Daneben wurden über einige Monate Versuche mit den Sturzflugbremsen durchgeführt.
Die bereits erwähnte Ju 88 V 6 absolvierte am 28. Juni 1938 ihren Jungfernflug. Als erster Prototyp besaß sie eine Zentralsteuerung. Wie die Ju 88 V 5 verfügte auch diese Versuchsmaschine über Vierblattpropeller. Außerdem wurde, wie bei der A-1 Serie, ein zweiter Bombenschacht eingebaut. Die V 6 flog als erste Ju 88 mit Sturzflugbremsen unter Einsatzbedingungen.
Ende September 1938 hielt Heinrich Koppenberg die Produktion von 300 Ju 88 im Monat für durchaus möglich. Göring unter-

stützte dies und veranlaßte absolute Priorität für die Serien-Produktion der Ju 88 A. Hierzu wurden das Volkswagen-Werk in Wolfsburg und die Opel-Werke in Rüsselsheim als Zulieferewerke in die Planung aufgenommen. Die Endmontage erfolgte in den JFM-Werken Aschersleben, Halberstadt, Leopoldshall und Bernburg.
Das erste Versuchsmuster, welches der Serie entsprach, war die Ju 88 V 7. Die Maschine besaß zwei Jumo 211 Motoren und VS 11 Propeller. Am 27. September 1938 stieg sie zu ihrem ersten Flug auf. Ein Jahr später wurde die Maschine zur Hochgeschwindigkeits-Transportmaschine; der Bombenschacht diente nun als Passagierraum für vier Personen. Nachdem zahlreiche eigene Kampfflugzeuge Opfer britischer Ballonsperren geworden waren, rüstete man die V 7 mit einem Seilschneidegerät aus und erprobte dieses erfolgreich. Auch diente die Maschine zu Testflügen mit der Bugsektion der Ju 288 A. Sturzflugversuche führte man mit SC 250 und SC 500 Bomben, ab Januar 1940 auch mit den schweren SC/SD 1000, durch. Später erfolgte der Umbau in einen schweren Zerstörer mit kampfstarker Starrbewaffnung.

Ernst Udet bei der Besichtigung der Ju 88 V3 in Dessau.

Frontansicht der mit zwei Jumo 211B ausgerüsteten Ju 88 V6, die erstmals am 18.06.1938 geflogen wurde.

Eine weitere Aufnahme des sechsten Versuchsmusters, das später die Kennung KD+ME erhalten sollte.

Als sturzkampffähiges Kampfflugzeug sollte die Ju 88 A-1, hier eine Maschine des KG 30, 1940 in Norwegen, besonders gegen Seeziele zum Einsatz kommen.

Die Ju 88 V 8 flog erstmals am 3. Oktober 1938. Mit der Ju 88 V 9 und V 10 begann die A-0-Serie. Diesen folgten drei Ju 88 A-1 mit den Werknummern 003 bis 005. Es gibt jedoch auch Dokumente, welche die Ju 88 V 9 bereits als A-1 Prototyp ansprechen.
Mit einigen Flugzeugen der A-1 Serie fanden in Rechlin Erprobungsflüge mit Kuto-Nase (Ballonseilschneider), vergrößerten Sturzflugbremsen und aerodynamisch verkleideten Flächen-ETC statt.

Als Triebwerke erhielten die A-1 zwei Jumo 211 B oder G mit VDM-Luftschrauben. Die Abwehrbewaffnung bestand aus einem MG 15 im Bug (A-Stand), zunächst eines, dann zwei MG 15 im hinteren Cockpitbereich (B-Stand) und einem weiteren MG 15 in der unteren Rumpfgondel (C-Stand). Es konnten zwei 1000 kg Bomben an den inneren Flügeln oder die gleiche Last an kleineren Bomben im Bombenschacht mitgeführt werden.
Durch verschiedene Änderungen in der Serie erhöhte sich das Gesamtgewicht der A-1 auf maximal 12300 kg beim Überlaststart. Der Einbau des leistungsgleichen, aber robusteren Jumo 211 G-1 und Katapultbeschlägen für Überlaststarts führte zur Ju 88 A-2, unter deren Bezeichnung die Großserie weiterlaufen sollte. Nach wenigen Musterflugzeugen (Umbau A-1) wurde die Baureihen gestrichen.
Einige Zellen der Ju 88 A-1 wurden auf Doppelsteuerung umgerüstet und dienten als Ju 88 A-3 der Schulung.

Der erste Prototyp für die Ju 88 A-4 Serie, die Ju 88 V 21 (D-ACBO), flog am 1. November 1940. Später wurde die Maschine als D-1 Prototyp (bewaffneter Aufklärer) umgerüstet. Dem Erstflug der V 21 ging ein halbes Jahr Entwicklungsarbeit voraus, welche insbesondere dem Einbau der leistungsstärkeren Jumo 211 J diente. Hierbei wurde auch die Flügelfläche vergrößert. Zudem konnte die Abwehrbewaffnung durch Verwendung der MG 81 I und MG 81 Z, letzteres im C-Stand nach hinten feuernd, verbessert werden. Für die Schiffsbekämpfung und gegen Truppenansammlungen war der Einbau einer 20 mm MG FF-Kanone im Bug jederzeit möglich.
Die Ju 88 A-5 besaß vergrößerte Tragflächen, als Defensivbewaffnung im C-Stand trug sie serienmäßig zwei MG 15, zudem konnte man als maximale Außenlast eine SC 1800 sowie eine SC 1000 an den Tragflächen-ETC mitführen. Die Treibstoffkapazität betrug 3580 Liter.
Ab August 1940 erreichten die Sturzkampfbomber Ju 88 A-1 und A-5 in größerer Zahl die Frontverbände, etwas später folgte die sturzkampffähige Ju 88 A-4.
Ende 1940 lieferte Junkers vermehrt Ju 88 A-5 mit fünf MG 15 oder einem 20 mm MG FF im Bug und MG 81 Z im Abwehrstand an die Truppe. Es folgte auch vermehrt der Einbau von fünf MG 81 anstatt der MG 15.
Mit der Ablieferung der neuen Ju 88 A-4 und A-5 wurden die älteren Versionen an die Fliegerschulen abgegeben.
Einige Ju 88 A-5 erhielten temporär einen Ballonkabel-Abweiser und trugen dann die Bezeichnung Ju 88 A-6.
Verschiedene Ju 88 A-5 wurden mit Doppelsteuerung als Behelfsschulflugzeuge zur Ju 88 A-7 umgerüstet.

Mit der Ju 88 A-8 stand eine Version mit Kuto-Nase zur Verfügung. Das neue Gerät zum Zerschneiden der Kabel von Sperrballons war jedoch wesentlich leichter als die Anlage bei der A-6.
Die tropentaugliche Version der Ju 88 A-1 trug die Bezeichnung Ju 88 A-9, die Tropenausführung der A-5 die Bezeichnung Ju 88 A-10. Die Ju 88 A-11 besaß Jumo 211 J Motoren und zusätzlich eine umfangreiche Tropenausrüstung. Sonst entsprach das Baumuster der Ju 88 A-4.
Ab 1943 kam es zu Umbauten der Ju 88 A-5 mit breiterem Rumpf zu Schulflugzeugen des Typs Ju 88 A-12.
Von dem Tiefangriffsflugzeug Ju 88 A-13 existierten vermutlich nur ein oder zwei Versuchsmuster mit geänderter ETC-Anlage.
Im August 1942 flogen erstmals zwei Prototypen der Ju 88 A-14 in Dessau. Dieser Typ war eine Ableitung aus der Ju 88 A-4, jedoch mit Kuto-Nase. Außerdem besaß die A-14

zwei ETC 1000 an den inneren Tragflächen sowie serienmäßig ein MG FF im Bug.
Durch Umrüstung der Ju 88 A-4 mit neuer Bombenanlage und modifizierter Ausrüstung entstand das »Sonderkampfflugzeug« Ju 88 A-15. Das RLM lehnte den Serienbau jedoch ab.
Als weiteres Schulflugzeug Ju 88 A-16 dienten die mit Doppelsteuer versehene Ju 88 A-4.
Als Lufttorpedoträger kam schließlich die Ju 88 A-17 zum Einsatz. Die Zelle entsprach der Ju 88 A-4, besaß aber keine Bodenwanne.
Bereits Ende 1936 bot Junkers eine Variante der Ju 85 mit Vollsichtkanzel ähnlich der der Do 217 an. Das RLM bevorzugte jedoch die konventionelle Cockpitausführung und bestellte die Ju 88 A. Trotzdem arbeitete Junkers weiter an der Version Ju 88 B mit Vollsichtkanzel (»Kampfkopf«) und erhielt den Auftrag zum Bau der Versuchsmuster Ju 88 BV 23 bis BV 32. Die Konstruktion begann im Juli 1939 unter Verwendung zahlreicher Teile der Ju 88 A-5. Ende 1940 standen die Versuchsmuster unter Verwendung der Reihenmotoren Jumo 211 B und F sowie dem BMW 801 Sternmotor zur Verfügung. Die Flugerprobung zeigte die deutlich besseren Leistungen der Ju 88 B. Mit 2000 kg Bombenlast erreichte die Maschine 530 km/h.

Von den Versuchsmustern der Ju 88 B wurden mindestens zwei Flugzeuge (BV 27 und BV 30) entnommen und mit MG 131-Drehturm im »Kampfkopf« versehen. Diese Version trug die Bezeichnung Ju 88 E-0 und war der Vorläufer für die Ju 188 E.
Die Serienversion Ju 88 E-1 hätte dann den HDL 151/20 Drehturm und Jumo 213 B Triebwerke besessen. Zunächst 23 Maschinen wurden im März 1942 vom RLM bestellt. Aus dieser Version leitete Junkers noch den Aufklärer Ju 88 F mit Ausrüstung der Ju 88 D ab. Zur Ausführung kam das Projekt — auf Grund des Serienanlaufs der entsprechenden Ju 188 E und F — jedoch nicht mehr.
Die Ju 88 C-Reihe ist für dieses Buch ohne Bedeutung, da es sich um eine Version als Nachtjäger und Zerstörer handelt. Gleiches gilt für den Fernaufklärer Ju 88 D und den modernen Nachtjägerversion Ju 88 G. Die Ju 88 H mit gestrecktem Rumpf kam in einigen wenigen Flugzeugen als Fernaufklärer zum Einsatz. Sie entspricht ebenso nicht der Thematik dieses Buches wie der Panzerjäger Ju 88 P, die Nachtjäger-Variante Ju 88 Q und R, der Fernaufklärer Ju 88 T sowie der Zerstörer Ju 88 C-5.
Die Schnellbomber-Version der Ju 88 A, die Ju 88 S, findet ihre Erwähnung im Kapitel »Schnellbomber«.

Herstellung der Motorenverkleidung für den bei der Ju 88 A-1/A-5 benötigten Jumo 211 B/G-Reihenmotor.

Bei einer Flugzeugführerschule FFS C wurde diese Ju 88 A-5 eingesetzt, nachdem es zur Auslieferung der verbesserten A-4 gekommen war.'

Eine frühe Ju 88 A-5 mit abgenommenen Außen-ETC zwischen Rumpf und Triebwerken.

Für den Einsatz über den Britischen Inseln wird diese Ju 88 A-5 der I./KG 77 vorbereitet.

In Italien entstand diese Aufnahme einer Ju 88 A-5, deren C-Stand noch die frühe Ausführung der Linsenlafette mit einem MG 15 enthält.

Eine Ju 88 A-5 mit Ballonabweiser, die sodann die Bezeichnung A-6 trug. Mit der Einführung der »Kutonase« und »-kanten« entfiel die aufwendige Sicherheitseinrichtung wieder.

Das erste Musterflugzeug des Fernaufklärers Ju 88 D-1, dem auch die Rolle der bewaffneten Aufklärung zugedacht war.

Eine weitere D-1; die Maschine gehörte zu 1.(F)/121 und wurde zeitweise von Sizilien aus eingesetzt.

Beladung einer Ju 88 A-4 (Hptm. Helbig) des Lehrgeschwaders LG 1 mit einer SC 1000. Der hydraulisch betriebene Beladungswagen hat inzwischen die Beladung mittels Flaschenzug weitestgehend ersetzt.

Für Tiefangriffe erhielt diese Ju 88 A-4 des KG 54 »Totenkopf« ein bewegliches MG FF im A-Stand.

Beladung einer Ju 88 A-4 während der Operation »Steinbock« 1944, mit einem Abwurfbehälter AB 1000.

Eine Ju 88 A-4 (4U+FL) der 3.(F)/123 im Juli 1944 in Frankreich. Nach erheblichen Verlusten und alliiertem Geländegewinn mußte die Staffel zurückverlegt werden.

Modell der als Ablösur der Ju 88 A vorgesehene Ju 88 B-1 mit verbesserte Seitenleitwerk, das in di ser Form nicht eingefüh werden sollte.

Innenaufnahme des Cockpit der Ju 88 BV 23, die erstmals am 19.06.1940 startete.

Die Ju 88 BV28 flog als T9+DH bei der 1./ObdL und wurde zumeist als Fernaufklärer eingesetzt.

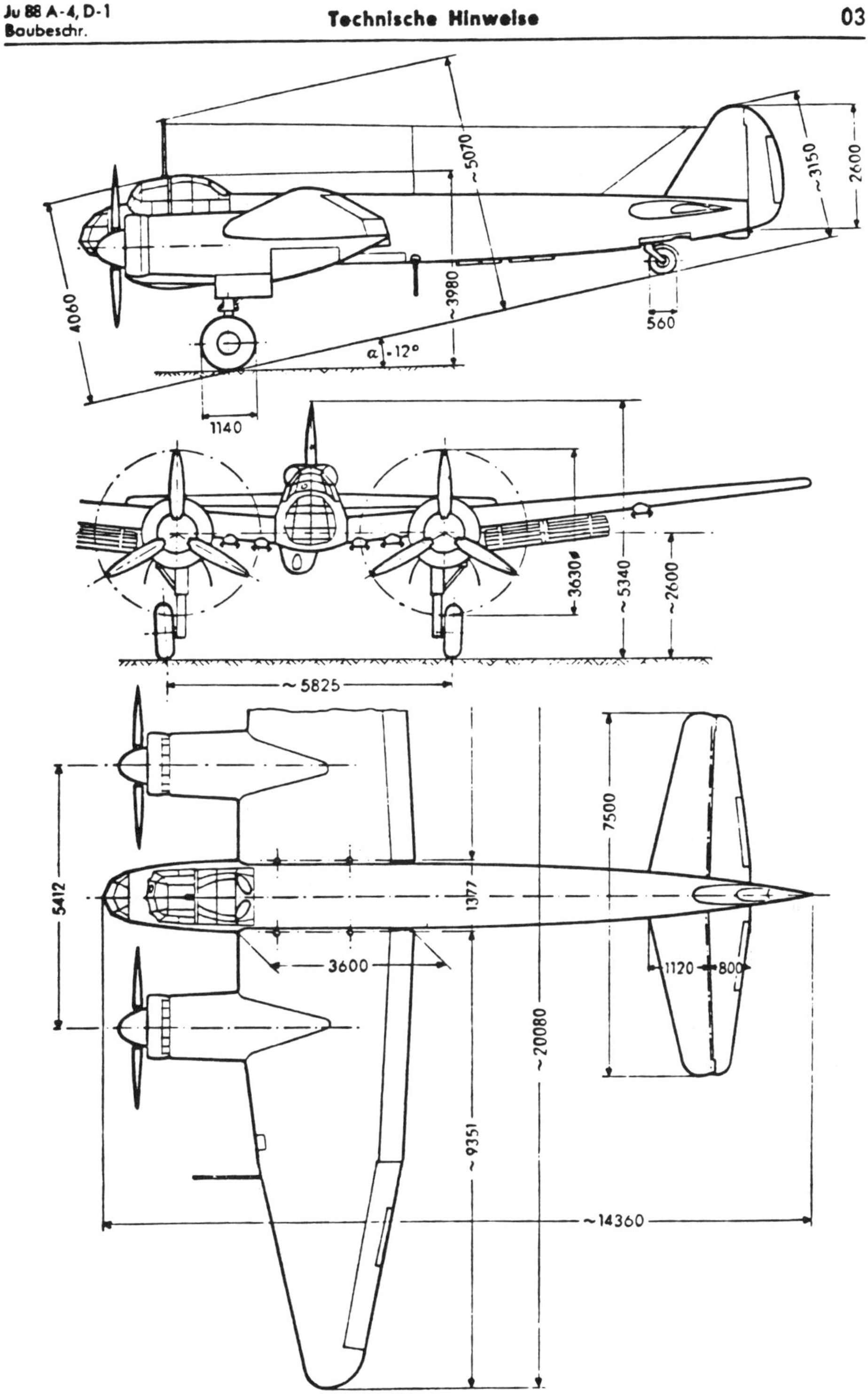

Der offiziellen Baubeschreibung der Ju 88 A-4 (baugleich mit dem Fernaufklärer Ju 88 D-1) ist diese bemaßte Dreiseitenansicht entnommen.

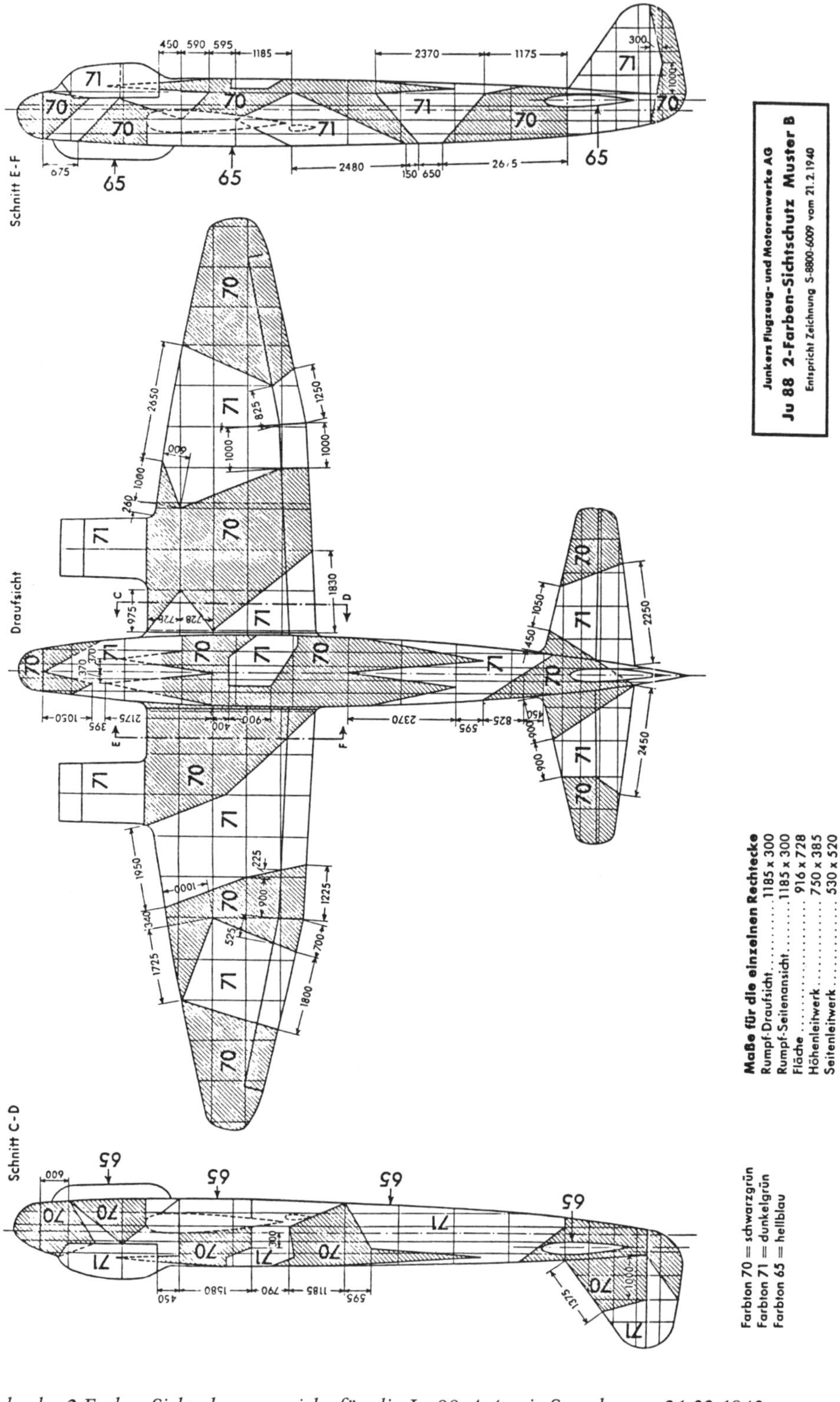

Wiedergabe des 2-Farben-Sichtschutzanstrichs für die Ju 88 A-4 mit Stand vom 21.02.1940.

Die Ju 188 A-2, hier eine Maschine der Nullserie, wurde als Ersatz für die Ju 88 A-4 gehandelt, da der neue »Kampfkopf«, eine bessere Defensivbewaffnung besaß.

Warmlaufen der Jumo 213-Triebwerke einer Ju 188 A-2 des KG 66, die mit Flammenvernichtern ausgestattet war und als Pfadfinder für die im Westen stationierten Kampfgruppen flog.

Musterbau für eine nachträglich anzubringende Frontpanzerung innerhalb der Kabine der Ju 188.

Diese Ju 188 E-1 der I. Gruppe des KG 66 trägt den für Anfang 1944 typischen Sichtschutzanstrich.

Ein Lufttorpedobomber der Ausführung Ju 188 E-2. In dem Wulst unterhalb der Kutoleiste befand sich die LT-Einstellvorrichtung.

Die Ju 188 F-1 wurde entweder von zwei BMW 801 D-2 oder G-2 angetrieben. Zumeist waren die Maschinen dieses Typs als Fernaufklärer mit zwei abwerfbaren Treibstofftanks im Einsatz.

Einige wenige Ju 188 F-1 erhielten als verbesserte Defensivbewaffnung eine HDL 151/20. Hier eine Maschine, die über Westfrankreich verlorenging.

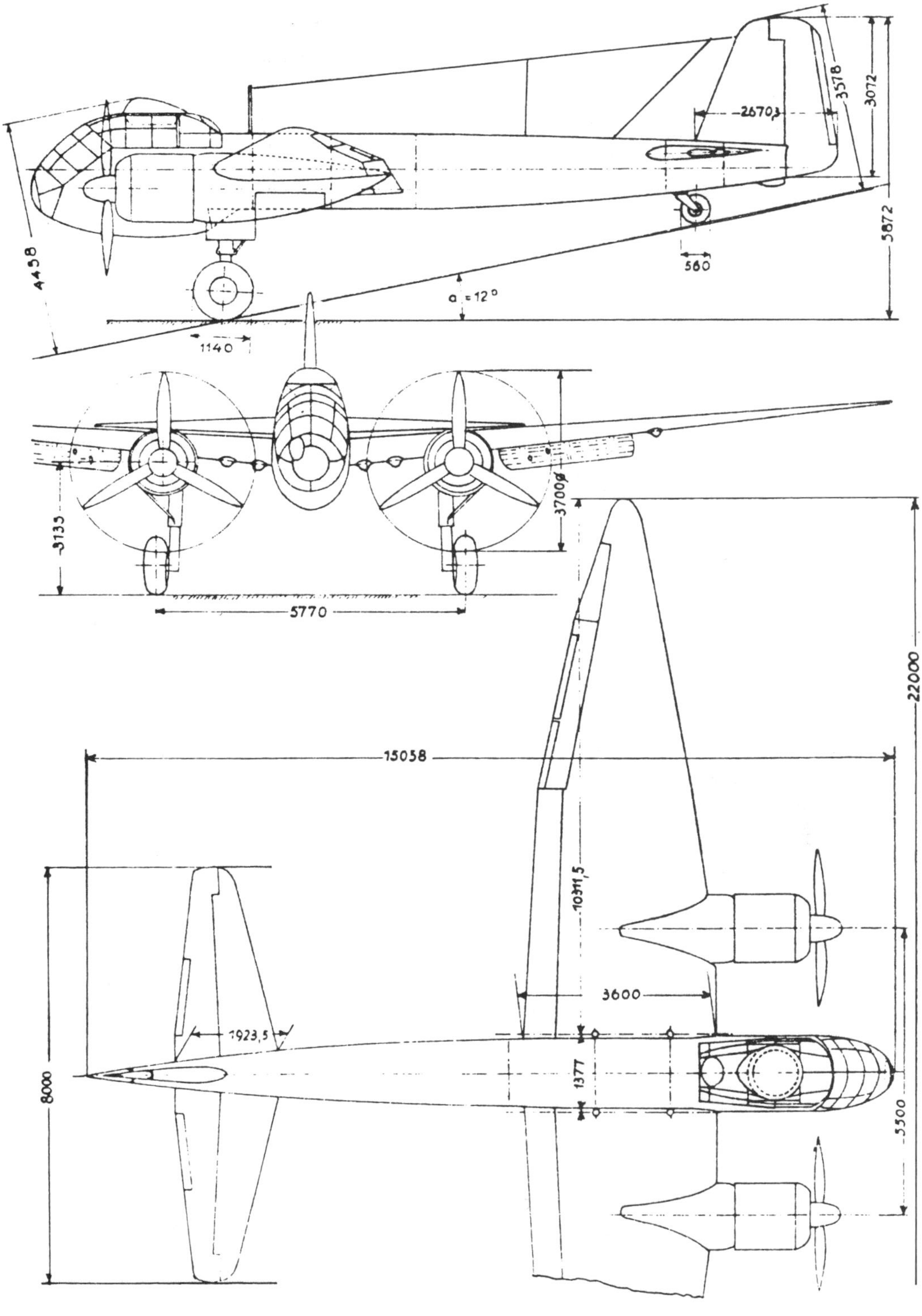

Werkszeichnung der Ju 188 E-1, wie sie Eingang in die Baubeschreibung für diesen Flugzeugtyp fand.

Die Entwicklung von schnellen Kampfflugzeugen

Messerschmitt Bf 162

Im Frühjahr 1936 forderte das RLM — neben dem Fernkampfflugzeug — mit besonderer Priorität die Entwicklung eines leistungsstarken Schnellbombers. Die Forderung beinhaltete ein Flugzeug mit 2500 km Reichweite, wobei eine Höchstgeschwindigkeit von 500 km/h mit 500 kg Bomben erreicht werden mußte. Die Besatzung war auf drei Mann begrenzt, die Abwehrbewaffnung umfaßte nur ein MG mit Schußfeld nach hinten oben.
Focke-Wulf zog sich von der Ausschreibung zurück, während Henschel, Messerschmitt und Junkers vom Technischen Amt jeweils einen Auftrag für die Entwicklung und den Bau von drei Prototypen erhielten.
Bereits im Winter 1936 flog die Bf 162 V 1. Es schloß sich das zweite Versuchsmuster 1937 an, und am 20. August 1938 flog die Bf 162 V 3 erstmals. Ausgerüstet waren die drei Testflugzeuge mit DB 600 Aa Motoren. Parallel zur Bf 162 entstand die Aufklärerversion Bf 161, von welcher 1938 nur zwei Versuchsmuster gebaut wurden.
Nachdem das Technische Amt des RLM sich für die Ju 88 als Standardbomber entschlossen hatte, wurde die weitere Entwicklung an der Bf 161/162 ebenso eingestellt, wie bei Henschel die Versuche mit der Hs 127. Dieser Schnellbomber wurde aus der Hs 124 entwickelt. Die Hs 127 V 1 flog Ende 1937, das zweite Versuchsmuster im Frühjahr 1938.
Die Bf 162 V 3 diente später als Testflugzeug für die Waffenanlage der Me 210, die Bf 161 übernahm Erprobungsaufgaben im Rahmen der Bf 110 Fortentwicklung. Die Hs 127 wurde im Frühjahr 1940 in Travemünde für Bodentests verwendet.

Die Bf 162 V2 »Jaguar« war mit zwei DB 600 A ausgerüstet und wurde in Augsburg erprobt.

Als schnelles Kampfflugzeug sollte die aus dem Zerstörer Bf 110 abgeleitete Bf 161, hier das erste Versuchsmuster (D-AABA), zum Einsatz kommen.

Der zweite Prototyp, die Bf 161 V2 (D-AOFI), war als dreisitziger Schnellbomber konzipiert, ging jedoch nicht in Serie.

Junkers Ju 88 S

Der erste Prototyp Ju 88 S (Ju 88 V 55) absolvierte seinen Jungfernflug am 28. Dezember 1942. Dem zweiten Prototyp Ju 88 V 56 folgte eine kleine Ju 88 S-0 Serie. Die Maschinen entsprachen weitestgehend der Ju 88 A-4, hatten aber keine Bodenwanne und Sturzflugbremsen, besaßen einen runden Plexiglasbug sowie als Abwehrbewaffnung nur ein bewegliches, nach hinten feuerndes MG 131. Die Triebwerke erhielten zur Leistungssteigerung eine GM-1 Einspritzanlage. Hierdurch und infolge aerodynamischer Verbesserungen erreichte die Ju 88 S eine maximale Geschwindigkeit von 600 km/h.
Bei der Ju 88 S-1 kam der BMW 801 D-Sternmotor zum Einbau. Sonst entsprach diese Version der Ju 88 S-0. Bis Ende 1943 wurden 50 Flugzeuge gebaut.
Im Juni 1943 lief die Ju 88 S-2 Serie an. Dieses »Pfadfinderflugzeug« verfügte über den stärkeren BMW 801 C-1.
Der Schnellbomber Ju 88 S-3 erhielt zwei Jumo 213 Triebwerke mit GM-1 Einspritzung und sollte die vorhergehende Baureihe ablösen. Bis März 1944 kamen aber nur etwa 70 Flugzeuge zur Truppe.
In der Entwicklung stand die Ju 88 S-4, eine umgebaute S-3 mit vergrößerten Bombenschacht in Holzbauweise.
Bei der Ju 88 S-5 sollte der TK 11 Höhenlader zum Einbau kommen. Zwei Prototypen (Ju 88 V 93 und V 94) befanden sich in der Flugerprobung. Die Flugzeuge entsprachen ansonsten der Ju 88 S-3.

Ebenfalls als schnelles Kampfflugzeug war die Ju 88 S-1 gedacht, deren Motorenausstattung aus zwei BMW 801 MA bestand.

Motor einer beim KG 66 in Frankreich zu Bruch gegangenen Ju 88 S-1. Gut erkennbar die Rückstoßdüsen am Auspuff, die zusätzlich für eine Geschwindigkeitserhöhung sorgten.

Eine Ju 88 S-1 der I. Gruppe des Pfadfinderverbandes KG 66.

Diese gut getarnte Ju 88 S-3 ist mit der Antenne des Rückwärtswarngeräts auf der äußeren Fläche ausgerüstet.

Messerschmitt Me 410

Nach der Erprobung des Mehrzweckflugzeuges Me 210 zeigte sich deutlich deren unbefriedigendes Flugverhalten. Daher mußte 1942, zweieinhalb Jahre nach dem Erstflug der Me 210 V 1 (2. September 1939), der Serienanlauf gestoppt werden.

Messerschmitt versah daraufhin die Me 210 V 17 versuchsweise mit einem neuen Rumpfheckteil. Hiermit besaß die Maschine bei ihrem Erstflug Mitte März 1942 annehmbare Flugeigenschaften. Göring hob daher Ende April den Baustopp auf, so daß die Me 210 mit stärkerem DB 603 Triebwerk und geändertem Rumpf als Me 410 in die Erprobung gehen konnte. Im Herbst 1942 nahm die Me 410 V 1, eine umgebaute Me 210 A, die Testflüge auf.
Hieraus entstand das Schnellkampfflugzeug Me 410 A-1, welches ab Januar 1943 in Augsburg in Serie ging. Die zweisitzige Me 410 erhielt das DB 603 A-1 Triebwerk mit GM-1 Zuschaltung, was ihr eine Höchstgeschwindigkeit von 615 km/h ermöglichte. Die Flugmasse betrug 11240 kg, wobei 1000 kg auf die Abwurfwaffenzuladung im Bombenschacht entfiel. Mit voller Treibstoffkapazität war jedoch nur eine Zuladung von 500 kg möglich. Als Rüstsatz konnten auch Außen-ETC für vier 50 kg Bomben in Tandemanordnung unter den Tragflächenwurzeln angebracht werden. Die Bewaffnung bestand aus je zwei starr im Bug eingebauten MG 151/20 und MG 17. Als Abwehrbewaffnung besaß der Schnellbomber zwei MG 131 in ferngesteuerter Drehringlafette beidseitig des Mittelrumpfes.
Bis Ende 1943 verließen 457 Me 410 A das Augsburger Werk und lösten teilweise die Ju 88 A-4 und Do 217 E ab.
Der Aufklärer Me 410 A-1/U1 hatte eine Senkrechtkamera in der Rumpfmitte. Die nahezu baugleiche Zerstörerversion A-1/U2 erhielt als Rüstsatz einen Waffenbehälter WB 151 mit zwei MG 151/20 unter dem Rumpf.
Ab Anfang 1944 trafen die ersten Maschinen der Aufklärerversion Me 410 A-3 bei den Fernaufklärungsstaffeln ein. Sie besaßen zwei Reihenbildgeräte Rb 75/30. Die Bewaffnung mit MG 17 entfiel hierbei.
Außer bei Messerschmitt lief die Me 410 A-1 auch bei Dornier vom Band. Im April 1944 wurde die Fertigung bei Messerschmitt und Dornier auf die Me 410 B-1 umgestellt. Der Schnellbomber unterschied sich von der A-Reihe durch den Einsatz stärkerer DB 603 G-Motoren mit 1400 kW Leistung. Entsprechend der A-Serie kam auch hier die Me 410 B-3 als Aufklärer zum Tragen. Die Me 410 B-2 war eine Zerstörerversion.
Ab Frühjahr 1944 dienten einige Me 410 B-6 mit FuG 200-Suchradar als Schiffsbekämpfer von Lorient aus. Bei diesen Maschinen wurden die beiden MG 17 durch zwei MG 131 ersetzt. Außerdem erhielten sie als Standardausrüstung den WB 103 mit zwei MK 103-

Als weiteres Schnellkampfflugzeug sollte die Me 410, eine verbesserte Bf 210 Verwendung finden. Das abgebildete Musterflugzeug besitzt einen modifizierten seitlichen Waffenstand.

Kanonen. Der Torpedoträger Me 410 B-5 kam nicht über das Erprobungsstadium hinaus.
Am 1. Juli 1944 wurde die Me 410 Fertigung zugunsten des Jäger-Notprogrammes eingestellt. Zuvor befahl das OKL bereits, die Me 410 von der Schnellbomberrolle auf die Zerstörerversion umzurüsten. Die Aufklärer-Reihe blieb davon zunächst unberührt.
Bei Messerschmitt in Regensburg und Augsburg sowie bei Dornier in Oberpfaffenhofen wurden etwa 1160 Me 410 gefertigt.

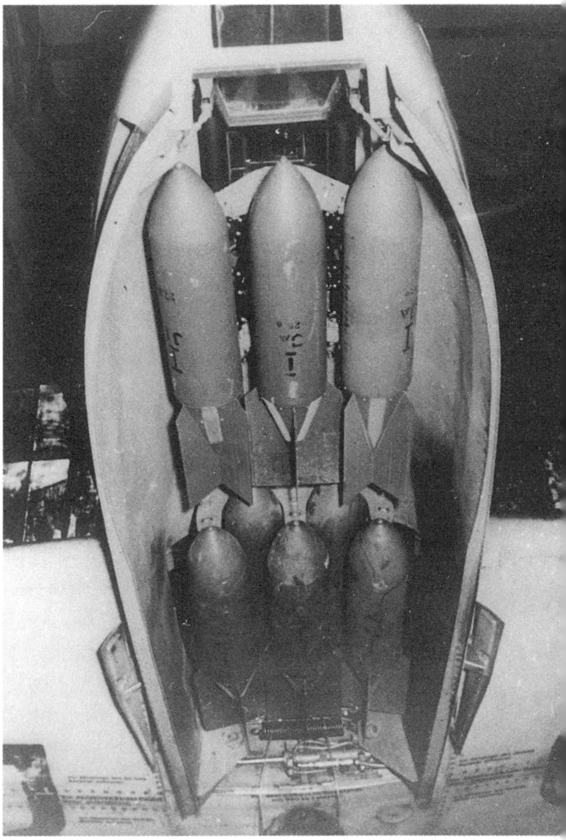

Die ersten fünf Me 410 A-1 wurden im Januar 1943 fertiggestellt. Im Bombenschacht konnten bis zu acht SC 50 oder entsprechende andere Abwurflasten mitgeführt werden.

Ab Februar 1944 flog diese Me 410 als Erprobungsträger für LT- und Gleitwaffen. Die Maschine ging am 4.10.1944 in Gotenhafen-Hexengrund zu Bruch.

Dornier Do 335

Die Entwicklung der Do 335 ging auf eine Schnellstbomberausschreibung vom 28. September 1942 zurück. Mitte Januar 1943 erteilte das RLM den Baubefehl. Bereits am 18. April 1943 erfolgte die Attrappenschlußbesichtigung. Der zweimotorige Schnellbomber flog erstmals am 26. Oktober 1943 unter Flugkapitän Hans Dieterle in Oberpfaffenhofen.

Der Verwendungszweck der Do 335 wechselte in folgender Zeit häufiger. Im November 1943 sah die Entwicklungsreihenfolge Primär die Schnellstbombervariante vor Zerstörern, Nachtjägern und Aufklärern vor. Im Januar 1944 kehrte sich diese Reihenfolge um. Zunächst forderte man den Aufklärer vor dem Zerstörer, Schnellstbomber und Nachtjäger. Dabei standen die Forderung des Generals der Kampfflieger diametral zu denen des Generals der Jagdflieger. Ende März 1944 erfolgte der Befehl zur Zurückstellung des Kampfflugzeuges und beschleunigter Ausbringung als Zerstörer. Keine drei Monate später wurde die Do 335 A-1 und A-2 als Kampfflugzeug gefordert. Anfang August 1944 wurde der Aufklärer Do 335 A-3 auf den Nachtjäger Do 335 A-6 in den Planungsvorgaben umgestellt. Es sollte nur zwei Monate bis zum 26. September 1944 dauern, bis die Entwicklung des Nachtjägers entfiel und der Schwerpunkt die Zerstöreraufgabe darstellte. Am 10. Oktober des gleichen Jahres änderte die Luftwaffenführung erneut ihre Meinung und forderte nun die Gesamtserie als Nachtjäger. Am 15. November 1944 stand das Musterflugzeug für den Nachtjäger, die Do 335 A-6, zur Verfügung.

Die Grunderprobung der Do 335 wurde in Rechlin mit zwei Versuchsmustern und zwei Flugzeugen der A-0 Serie durchgeführt. Bis Ende Februar 1945 lagen nur unvollständige Ergebnisse vor. So erreichte die Do 335 in 7800 m Höhe nicht die werksseitig angegebenen Leistungen.

Von der mit Schleudersitz und Bugfahrwerk ausgerüsteten Do 335 gingen 14 Versuchsmuster und zehn Vorserienflugzeuge Do 335 A-0 in Produktion. Ihr folgten einige Jagdbomber (A-1) sowie wenige Zweisitzer mit Doppelsteuerung und hintereinander angeordneten Sitzen für Umschulzwecke sowie als Projektstudie für einen Nachtjäger. Der im Herbst 1944 in Planung befindliche unbewaffnete Fernaufklärer Do 335 A-4 kam nicht mehr zur Ausführung.

Die kampfstarke Jabo-Ausführung Do 335 A-1 kam im September 1944 aus der Endmontage in Oberpfaffenhofen. Die Triebwerksanlage bestand aus zwei DB 603 E-1 Motoren mit je 1325 kW Leistung. Später sollte eine MW 50 Anlage zum Einbau kommen. Das Mitführen von 500 kg Bomben im Rumpf und zwei 250 kg Abwurfwaffen an Außenträgern war möglich. Die Bewaffnung bestand aus einem durch die Luftschraubennabe schießenden MK 103 und zwei MG 151 im oberen Rumpf.

Ende Februar 1945 wurde die Einstellung der Do 335 zugunsten der Ta 152 gefordert. Die Begründung lautete, daß nur zu dem vorgesehenen Lieferbeginn der Serienproduktion — im Mai 1944 — die Do 335 eine deutliche Leistungsüberlegenheit gegenüber allen Feindflugzeugen gehabt hätte. Bei dem nun fast ein Jahr später bevorstehenden Fronteinsatz, insbesondere als Nachtjäger, war der Geschwindigkeitsvorsprung inzwischen stark geschrumpft. Als Tagzerstörer besaß die Do 335 gegenüber der Ta 152 nur noch einen geringen Geschwindigkeitsvorsprung, aber keine größere Flugzeit oder -strecke. Außerdem erschienen der Kraftstoffverbrauch zu groß und der Fertigungs- und Wartungsaufwand zu hoch.

Der erste Prototyp des Schnellbombers Do 335, die V1, WerkNr. 230001, mit der Werkspilot Dieterle am 26.10.1943 erstmals aufstieg.

Die Do 335 V9 (CP+UI, WerkNr. 230001) galt als Musterflugzeug für die Nullserie Do 335 A-0 und war noch im Januar 1945 vorhanden.

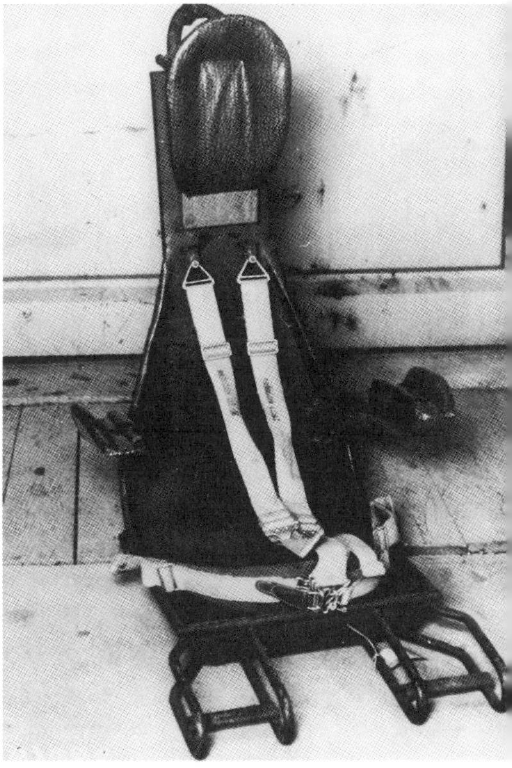

Der Katapultsitz der ersten Do 335 A-1.

Die Erprobung des Schleudersitzes begann mit Modellversuchen.

Beladeversuche bei der Do 335 A-0 mit einer SC 500-Splitterbombe im Dornier Werk.

Frontansicht einer 1944 in Mengen/Württ. beim Erprobungskommando 335 geflogenen Do 335 A-0.

Die am 20.04.1945 in den Bereich der westlichen Alliierten gebrachte Do 335 A-0 (FG+PH, WerkNr. 240102) nach der gelungenen Restaurierung.

Der lange Weg zum »Bomber A«

Heinkel He 177

Am 6. August 1937 fand die Attrappenbesichtigung der He P 1041 in Rostock-Marienehe statt. Wegen ungenügender Raumverhältnisser und unzureichender Instrumentierung erfolgten anschließend diverse Änderungen und Verbesserungen. Am 11. November 1937 kam es zu einer weiteren Besichtigung. Als Triebwerksausrüstung hatte Heinkel vier DB 601 A/E (auf E-Standard gebrachte DB 601 A) — welche zu zwei Motoreneinheiten DB 606 gekoppelt wurden und je einen Propeller antrieben — vorgesehen. Diese Motorenanordnung fand bereits bei dem von Siegfried Günter Mitte der dreißiger jahre konstruierten und von General Wever forcierten Schnellbomber He 119 Verwendung. Hierbei wurde ein DB 606 A-1 in der Rumpfmitte installiert und trieb über eine Fernwelle, welche durch die Vollsichtkabine lief, den am Bug befindlichen Propeller mit 4,30 m Durchmesser an. Am 22. November 1937 erreichte die He 119 V 4 mit 1000 kg Nutzlast (Gesamtflugmasse 8000 kg) über 1000 km Strecke den Geschwindigkeitsweltrekord von 505 km/h. Heinkel baute insgesamt acht He 119, die Luftwaffe lehnte je-

Als unbewaffneten, zweisitzigen Schnellbomber plante Heinkel die He 119, die aus dem »Rekordflugzeug« entwickelt wurde. Das Bild zeigt die He 119 V4 (D-AUTE) im Dezember 1937.

doch eine Serie ab. Erwähnenswert ist noch die He 119 V 3 mit Schwimmern. Die He 119 V 7 und V 8 wurden zur Vorführung nach Japan verschifft.
Das Projekt P 1041 (Bomber A) erhielt ab 5. November 1937 offiziell die Bezeichnung He 177. Im Sommer 1940 begann Heinkel mit der Produktion der Einzelteile und Baugruppen.
Die He 177 V 1 startete am 11. November 1939 unter Lt. Francke zum Erstflug. Im Frühjahr 1940 folgten die Erstflüge der V 2 und V 3. Bis Anfang 1941 stiegen vier weitere V-Muster auf. Am 24.4.1940 ging V 3 verloren, am 27.6.1940 traf es die He 177 V 2.
Ab Februar 1941 befand sich die V 7 in Tarnewitz. Sie war neben der V 6 das erste Waffen-Musterflugzeug der He 177.
Bis zum Herbst des Jahres 1941 verzögerte sich indessen in Rechlin die Durchführung des Erprobungsprogramms wegen schlechter Witterung und diversen Triebwerksmängeln am DB 606. Die He 177 V8 und das zweite Nullserienmuster (A-02) erhielten deshalb eine vergrößerte Triebwerksverkleidung, was die Lebensdauer des DB 606 nachhaltig verbesserte.
Erste Bahnneigungflüge fanden im März 1942 statt. Am 16. Juli 1942 kam es zum Absturz der A-013 wegen zu heftigen Abfangens während der Bahnneigungserprobung in Rechlin.
Zu weiteren Verzögerungen im Flugerprobungsablauf führte der Nachschubmangel (z.B. Kupplungsmuffen). Heinkels Eingabe, die Erprobung von Rechlin nach Marienehe zu verlegen, wurde abgelehnt.
Zur Jahreswende 1940/41 lief der Serienbau der He 177 A-0 bei Heinkel in Marienehe und Oranienburg sowie bei Arado in Warnemünde an.
Nach der Produktion von 35 Nullserienmaschinen fertigten die Arado Werke in Brandenburg und Warnemünde 130 He 177 A-1 in Linzenz, wobei die He 177 V 12 das Musterflugzeug war. Die He 177 A-1 unterschied sich von der A-0 durch sechs zusätzliche Bombenschlösser 2000 XIIIB. Es konnte eine maximale Abwurflast von 2200 kg mitgeführt werden. Die Bewaffnung bestand aus einem MG 81 im oberen und einem MG-FF im unteren A-Stand. Im C-Stand war ein MG 81 Z installiert. Im fernbedienten B1-Stand befand sich ein MG 131. Als Heckbewaffnung diente ebenfalls ein MG 131. Die Ausführung A-1/R2 trug versuchsweise ein MG 131 im C2-Waffenstand hinter dem Bombenschacht. Bei der Endausführung der A-1, der He 177 A-1/R4, kam im B2- und C-Stand ein MG 131 zum Einbau. Zwölf He 177 A-1 wurden zum Langstreckenzerstörer He 177 A-1/U2 mit zwei MK 101 im unteren A-Stand umgebaut und teilweise zur Fernzerstörerstaffel des KG 40 überführt.
Die Auswertung der bisherigen Flugversuche führte zu 170 Verbesserungen und 1395 zusätzlichen Konstruktionsänderungen. Im September 1942 kam es zu weiteren Festigkeitsproblemen im Bereich der Tragflächen, insbesondere beim Bahnneigungs- und während des Sturzfluges. Heinkels Forderung auf den Verzicht der Sturzfähigkeit bei diesem großen Flugzeug fand beim RLM noch immer kein Gehör. Erst am 15. September 1942 ordnete Göring an, auf Sturzflugfähigkeit der He 177 zu verzichten. Damit standen aber noch immer die Sorgen mit der Triebwerksanlage im Raum!

Eine He 177 A-0 des Erprobungskommandos Lärz (EKL).

Bruch der He 177 A-1 (BL+FJ, WerkNr. 15180).

Beisetzung der am 29.01.1943 durch Absturz ums Leben gekommenen He 177-Besatzung der Heinkel-Werke.

Im Dezember 1942 waren bei der I./Fernkampfgeschwader 50 insgesamt 33 He 177 A-0 und A-1 vorhanden. Der erste Einsatz erfolgte im Osten und galt Stalingrad.

Ab Oktober 1942 sollte die He 177 A-3 mit dem neuen DB 610 als Großserie bei Arado in Brandenburg und Heinkel in Oranienburg anlaufen. Weil aber die leistungsstärkere Triebwerksanlage noch nicht vollständig erprobt und weiterhin Probleme mit der Kühleranlage und dem Ölkreislauf zu erwarten waren, kamen bis Januar 1943 alle Maschinen mit dem DB 606 zur Auslieferung. Gleichzeitig begann im März die Dauererprobung des DB 610 mit den ersten acht He 177 der A-3 Reihe. Wegen verschiedener Schwierigkeiten bei der Erprobung, aber auch durch die zu geringe Ausbringung des DB 605, von denen je zwei einen DB 610 bildeten, kam es zu neuen Fertigungsengpässen. Grund war, daß die Mehrzahl der DB 605 für die Jagdflugzeugproduktion benötigt wurden. Es entstand so bis Anfang Februar 1943 ein Rückstand von 200 Motoren.

Immer mehr He 177 mußten daher ohne Triebwerke abgestellt werden, ein Zustand, welcher bis Kriegsende anhalten sollte. Zusätzlich hatte sich das Fluggewicht der He 177 inzwischen auf 34000 kg erhöht, so daß eine Reduzierung der Treibstoffkapazität nötig wurde, um das Abfluggewicht zu verringern. Dadurch schränkte man natürlich die taktische Reichweite der He 177 A-1 bis A-5 ein.

Neben Veränderungen an der Zelle erhielt die A-3/R1 gegenüber der A-1/R4 fernbediente Zwillingswaffenstände. Bei der A-3/R2 wurde das MG 131 im Heckstand durch ein MG 151/20 ersetzt. Bei dieser Version erhöhte sich außerdem die Bombenlast um 300 kg auf 2500 kg.

Die He 177 A-3/R3 war mit FuG 203 zum Einsatz von drei Lenkwaffen Hs 293 ausgerüstet. Die Abwehrbewaffnung entsprach den vorherigen Mustern A-3/R1 und R2. Als Triebwerk fand der DB 610 A/B Verwendung. Bei dem Rüstsatz R4 kam das »Kehl III« Gerät zum Einbau.

Der Zerstörer He 177 A-3/R5 mit einer BK 7,5 (Pak 40L) blieb vermutlich eine Projektstudie.

Mit der He 177 A-3/R7 stand ein leistungsstarker Langstreckenbomber zur Verfügung. Infolge zusätzlicher Treibstofftanks konnte jedoch nur der hintere Bombenschacht für Abwurfwaffen genutzt werden.

Die He 177 A-3/R7 stellte einen Torpedobomber dar, welcher, mit teilweise reduzierter Bewaffnung, vier LT5-Torpedos an den Feind führen sollte, aber nicht in Serie ging. Später wurden einige He 177 A-1 zur Bauausführung A-3 umgerüstet. Die geplanten Höhenbomber-Versionen He 177 A-2 und A-4 entfielen.

Die He 177 A-5, ebenfalls (in mindestens 565 Exemplaren) bei Arado und Heinkel endmontiert, ging ab Oktober 1943 in Serie. Die A-5 war eine direkte Fortentwicklung der A-3 mit geänderter Bewaffnung und auf 2800 kg erhöhter Abwurflast. Die Ausführung He 177 A-5/R1 diente gleichermaßen als Trägerflugzeug für den Gleitbombeneinsatz der Hs 293 A-1/B-1 und PC 1400 X. Als Abwehrbewaffnung kamen im oberen A-Stand ein MG 81 I, im unteren A-Stand ein MG 151/20 und im B1-Stand eine FDL B 131/2A mit MG 131, im B2-Stand ein MG 131, im C-Stand ein MG 81 Z sowie im Heckstand ein MG 151/20 zum Einbau. Bei der A-5/R2 wurde das MG 81 Z im C-Stand durch ein wirkungsvolleres MG 131 ersetzt. Außerdem besaß diese Version einen dreigeteilten Bombenschacht. Nochmals verstärkt wurde die Defensivbewaffnung bei der He 177 A-5/R3. Zusätzlich zur Bewaffnung der A-5/R2 installierte man ein MG 131 im C2-Stand. Bei der He 177 A-5/R5 sollte eine FDL C 131/1A unter dem hinteren Rumpf zum Einbau gelangen, sonst entsprach die Abwehrbewaffnung der A-5/R1. Die He 177 A-5/R7 mit Druckkabine blieb Projekt.

Einige He 177 A-6 wurden aus A-3 und A-5 umgebaut. Die geplante Serie A-6/R1 verfügte über einen Vierlings-MG Heckstand, verkleinerten Bombenschacht und druckfeste Kanzelbewaffnung. Die maximale Bombenlast betrug 3500 kg. Die He 177 A-6/R2 sollte eine neue Kabinenform und einen fernbedienten, unteren A-Stand mit MG 131 Z erhalten. Der B1-Stand war mit einen MG 151 Z, der C-Stand mit einem MG 131 bestückt. Im Heckstand war die handbediente Drehlafette HDL 81 V mit vier MG 131 geplant.

Aus der He 177 A-5 entstand außerdem eine

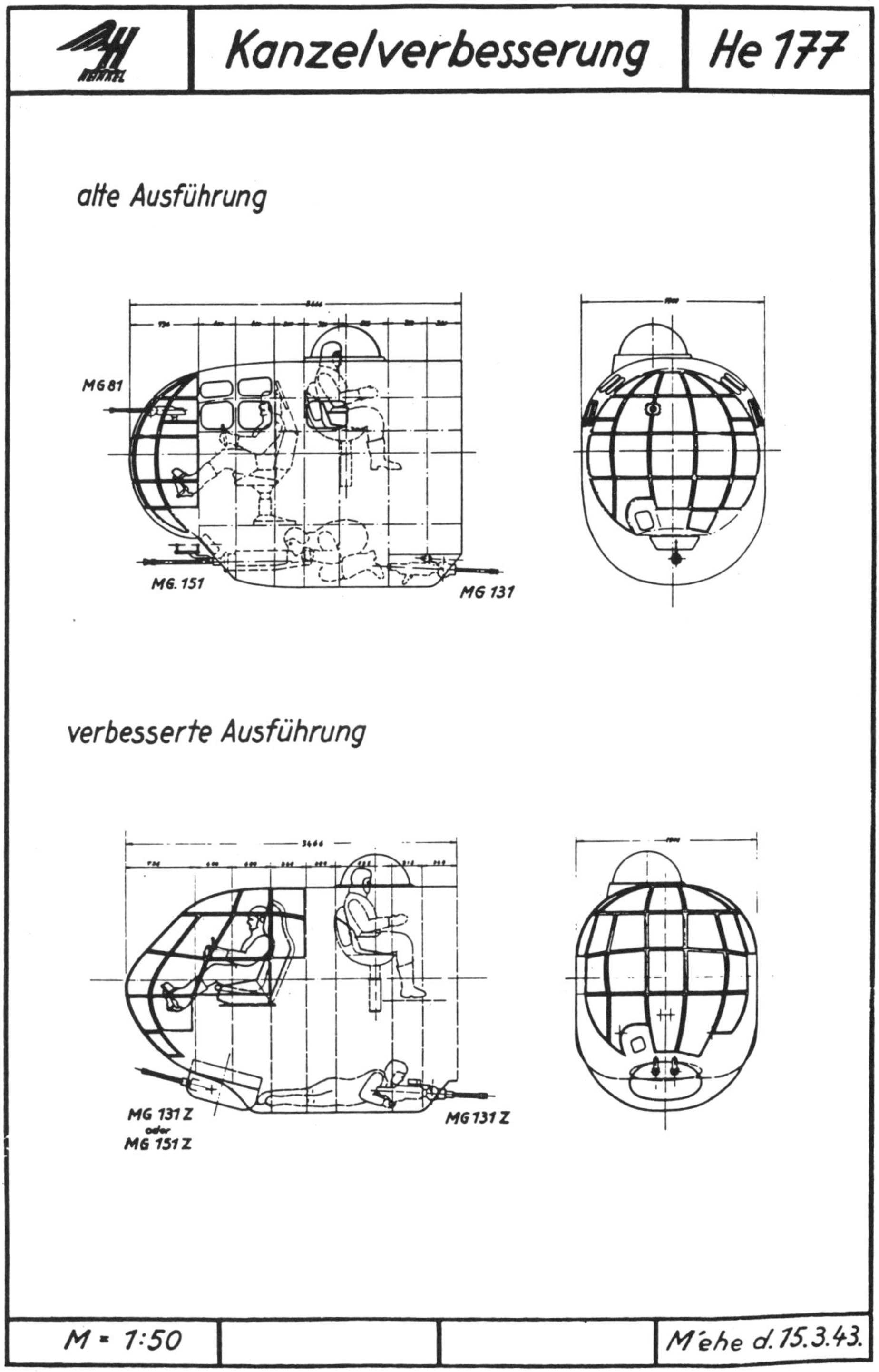

In Rostock-Marienehe entstand Anfang 1943 eine durchgreifende Verbesserung der He 177-Kabine, bei der als A-Stand entweder ein fernbedienbarer MG 131Z – oder MG 151Z – Waffenstand geplant war.

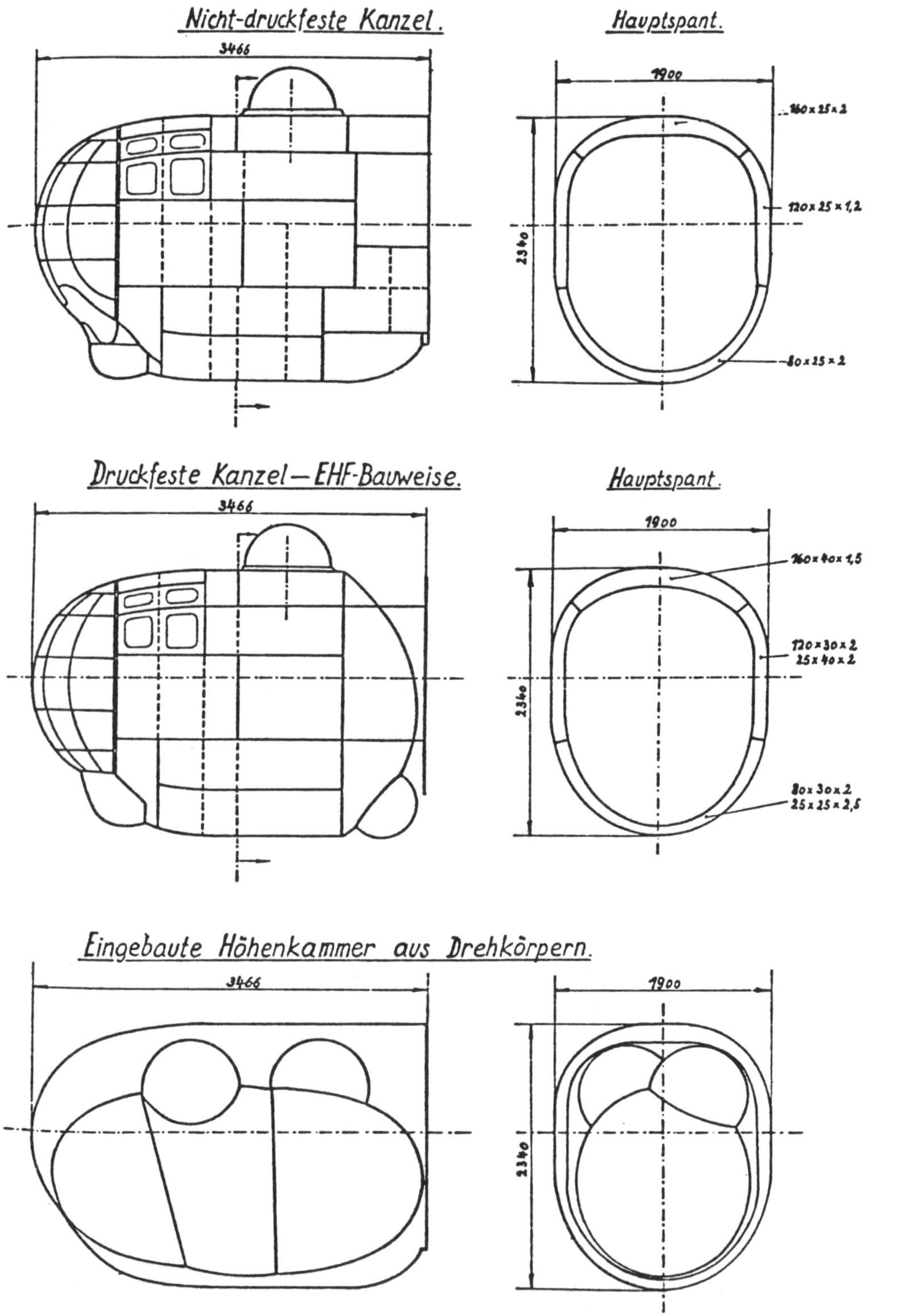

Vergleich des verbesserten He 177-Cockpits, für das auch eine druckfeste Variante (He 177 A-4) entstand.

kleine Stückzahl der He 177 A-7 mit DB 610 A/B oder DB 613 A/B-Triebwerken und vergrößerter Spannweite. Als höchste Bombenlast wurden 4200 kg angegeben. Die Bewaffnung wurden gegenüber der A-6 nochmals verstärkt.

Die He 177 A-8, ein Bomber mit vier Einzeltriebwerken (BMW 801 E), wollte Heinkel aus der He 177 A-5 umbauen. Später erhielt sie die Bezeichnung He 177 B-5.

Auch die He 177 A-10 wäre mit vier einzelnen BMW 801 E-Motoren ausgerüstet worden. Der projektierte Umbau aus der He 177 A-7 erhielt später die Bezeichnung He 177 B-7. Mit der viel zu späten Umkonstruktion der He 177 A auf vier Einzeltriebwerke (He 177 B) hoffte Heinkel das Motorenproblem endgültig zu lösen.

Die aus der A-0 Serie stammende He 177 V 9 wurde zur He 177 B-5 mit Doppelleitwerk, vier einzelnen Triebwerken und Kurssteuerung K 12 ausgerüstet. Mitte August 1944 ging die Maschine zur Erprobung nach Rechlin. Zur He 177 B-5 wurde ebenso die V 101 (A-3) und V 102 (A-0) umgebaut. Ab August 1944 waren diese als Erprobungsflugzeuge mit separaten Triebwerken verfügbar.

Die He 177 V 103 (A-5) erhielt nach ihrer Umrüstung zur »He 177 B-5« einen handbedienten Vierlingsheckstand und war ab August 1944 als Erprobungsträger vorhanden.

Das Musterflugzeug für die geplante B-5-Serie, die He 177 V 104 (A-5), konnte bis Ende Juni 1944 nicht mehr fertiggestellt werden.

Am 25. Juni 1944 strich das RLM den geplanten Serienbau der He 177 B-5 und zwei Wochen später ebenso die gesamte He 177-Fertigung zu Gunsten der Produktion von Jagdflugzeugen. Mit Auslaufen der Montage im September 1944 wurden seit Januar 1942 etwa 1146 Flugzeuge gebaut (Neubau-Produktion).

Im Gegensatz zur Bauausführung A-1 war die He 177 A-3 im Bereich des Defensivbewaffnung wesentlich verbessert worden. Hier eine Maschine des KG 40.

Die He 177 A-5 (TM+IU, WerkNr. 550216) wurde bei der DFS für Tests mit nachgeschleppten Lasten (Treibstoffbehälter und Bomben) genutzt.

Zur II. Gruppe des KG 40 gehörte diese He 177, die speziell für Schiffsbekämpfungseinsätze mit nachsteuerbarer Bewaffnung und dem FuG 200, als Schiffssuchgerät, ausgerüstet war.

Diese in Chateaudun im Februar 1944 stationierte He 177 A-3 der 2./KG 100 trug den Namen »Helga«.

Wegen der Gefahr, von alliierten Tieffliegern zerstört zu werden, wurden die Einsatzmaschinen der 5./KG 100 weit auseinandergezogen.

HEINKEL | **Typenblatt** | **He 177 A-7**

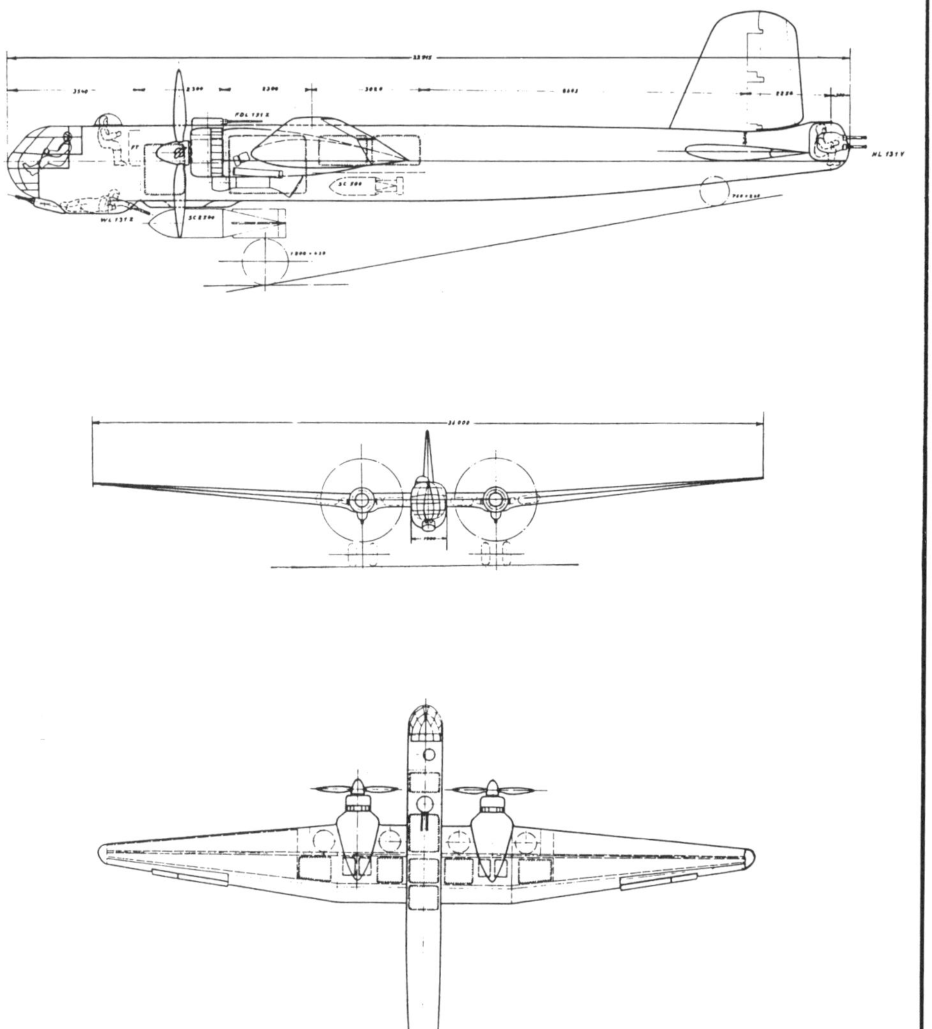

Typenblatt der He 177 A-7 mit einem bemannten HL 131 Vierlings-Heckstand und einer SC 2500 »Satan« als Außenlast.

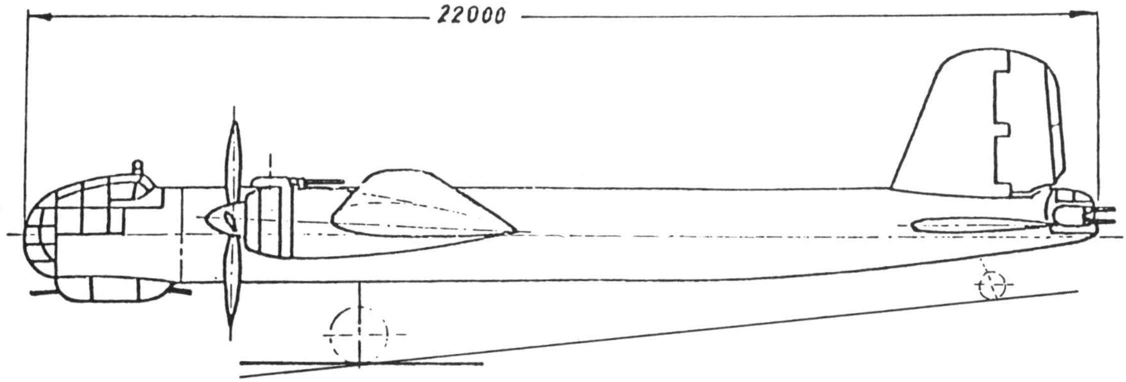

Zeichnung der von Prof. Hertel mit DB 613 ausgerüsteten »He 177«, wie sie bei Junkers überarbeitet worden war.

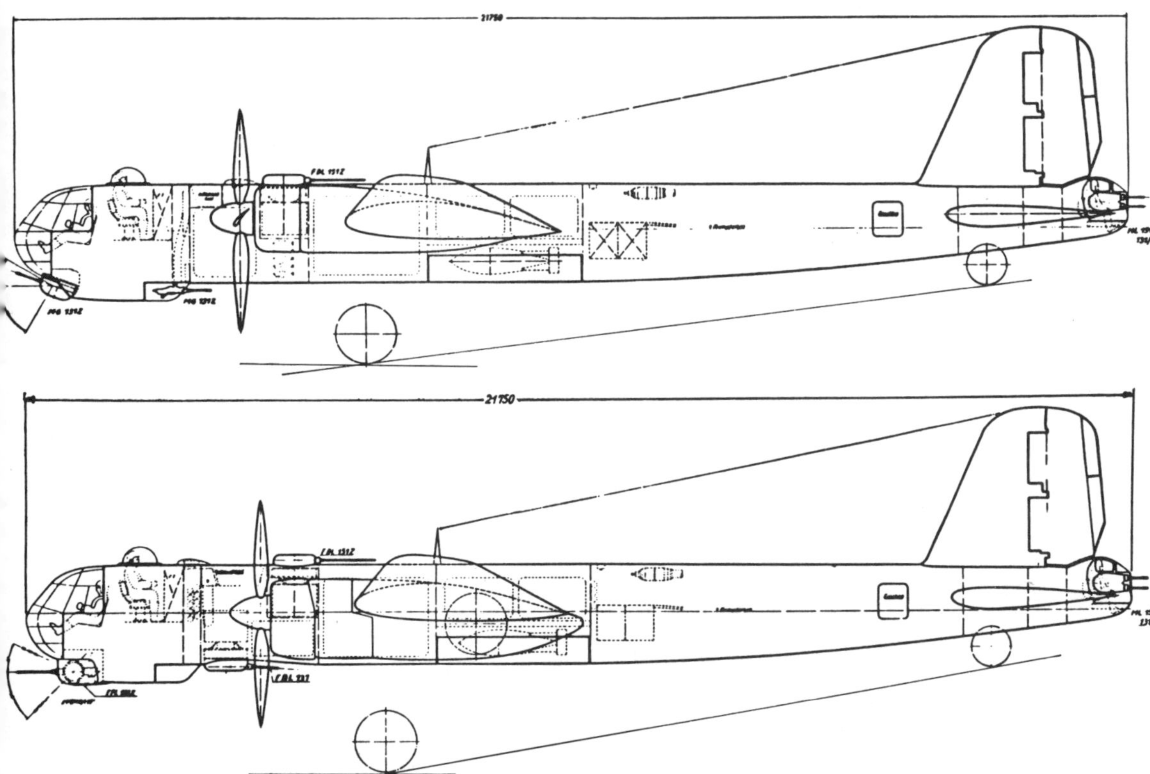

Zwei Ausführungen des schweren Kampfflugzeugs He 177 A-7 mit schwerer Defensiv-Bewaffnung (HL 131Z, HL 131V und FDL 131/151Z).

Die gescheiterte Entwicklung des »Bomber B«

Junkers Ju 288

Im Juli 1939 schrieb das RLM einen Wettbewerb für den Nachfolger des bisherigen mittleren Bombers aus. An dieser »Bomber B-Ausschreibung« beteiligten sich die Firmen Arado, Dornier, Focke-Wulf und Junkers. Letztere legte den Entwurf eines zweimotorigen Höhenbombers mit Druckkabine für drei Mann Besatzung, fernbedienten Waffenständen und Jumo 222-Reihenmotoren vor. Dipl.-Ing. Heinrich Hertel, der seit Mai 1939 als Technischer Direktor bei Junkers arbeitete, übernahm dort die Entwicklungsleitung. Im Dezember 1939 besichtigte das RLM den Mock-up der Druckkabine und erteilte, nach mehreren Änderungsauflagen, den Auftrag zum Bau einer kompletten Rumpfattrappe, welche am 29. Mai dem RLM vorgestellt werden konnte. Wenige Tage nach dieser Besichtigung erfolgte offiziell der Auftrag zum Bau von drei Versuchsmustern mit der Bezeichnung Ju 288. Junkers hatte aber bereits auf eigenes Risiko im Februar 1940 mit dem Versuchsmusterbau begonnen.
Zur Sammlung erster Flugerfahrungen in Hinsicht auf einige Konstruktionsmerkmale rüstete Junkers die Ju 88 V 2 und V 7 mit der neuen Ju 288-Kanzel und doppeltem Seitenleitwerk aus und begann ab Frühjahr 1940 mit der erfolgreich verlaufenden Flugerprobung. Am 29. November 1940 konnte die Ju 288 V 1 nach umfangreichen Bodentests zum Erstflug starten. Weil die Serienreife des Jumo 222 weiterhin auf sich warten ließ, flog die V 1 zunächst mit zwei BMW 801 Sternmotoren.

Bruchlandung der Ju 288 V2 (BG+GR) am 22.06.1942.

ENTWICKLUNG DES 2-MOT. STURZKAMPFBOMBERS JU 88

Weiterentwicklung zum Sturzbomber grosser Flughöhe bei grösster Geschwindigkeit und stärkster Kampfkraft

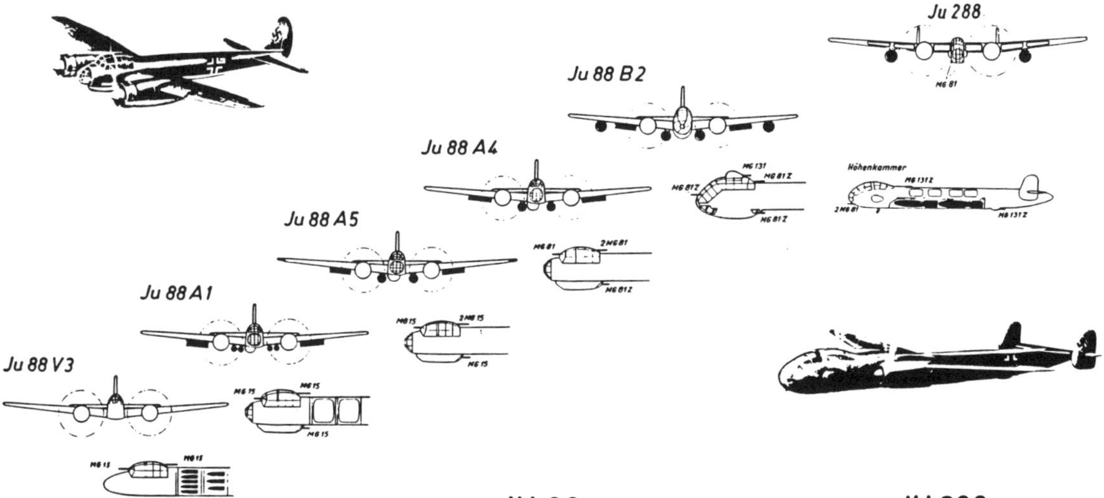

Baumuster		JU 88 V3	JU 88 A1	JU 88 A5	JU 88 A4	JU 88 B2	JU 288 A2		
Motor		Jumo 211A	Jumo 211B	Jumo 211B	Jumo 211J	Jumo 213	Jumo 222		
Bombenlast	kg	16 × 50	1000	1000	1800	2 × 1800	5000	2 × 1800	1800
Flugstrecke	km	1700	2930	4200	3100	2420	2100	3450	4000
Größtgeschwindigkeit	km/h	500	455	465	510	540	640	645	645
Reisegeschwindigkeit	km/h	450	385	400	350	430	575	595	600

Zu einer Angebotsbeschreibung erstellten die Junkers Werke eine Übersicht, welche die Entwicklung von der Ju 88 V3 bis zur Ju 288 A-2 mit zwei Jumo 222-Doppelsternmotoren zum Inhalt hatte.

Die Ju 288 V 2 durchlief ab März 1941, mit geänderter Sturzflugbremse, die Flugerprobung. Das dritte Versuchsmuster kam im Frühsommer 1941 mit BMW 801 MA Triebwerken hinzu.

Die Flugeigenschaften der Maschine befriedigten nicht, so daß eine Rumpfverlängerung um etwa einen Meter nötig wurde. Außerdem war das Fahrwerk zu schwach konzipiert. Die im Sommer 1941 fertiggestellte Ju 288 V 4 besaß keine Sturzflugbremsen, weil das OKL den Einsatz als schweren Sturzkampfbomber nur noch bedingt forderte.

Die Ju 288 V 5 erhielt als erster Erprobungsträger Jumo 222 A/B Triebwerke. Infolge der Verzögerung mit der Auslieferung der neuen Motoren erfolgte erst am 8. Oktober 1941 der Erstflug der V 5 und am 18. Januar 1942 der der Ju 288 V 6. Dieses Flugzeug besaß bereits die neue, vergrößerte Tragfläche von 22,67 m Spannweite.

Die Ju 288 V 8 diente als Waffen-Versuchsmuster.

Der neunte Prototyp absolvierte am 6. April 1943 seinen Erstflug mit dem Jumo 222 C/D-Triebwerken. Die Ju 288 V 11 wurde versuchsweise mit dem stärkeren, aber auch schwereren DB 606 A/B Höhenmotor ausgerüstet. Die V 12 wurde nicht fertiggestellt.

Das ab Frühjahr 1942 verfügbare siebte Versuchsmuster gelangte aus Mangel an Jumo 222 A/B-Triebwerken mit zwei BMW 801 C zur Erprobung. Nach einem Triebwerksbrand wurde im Rahmen der Instandsetzung die Umrüstung auf ein vergrößertes Leitwerk vorgenommen.

Die Baureihe Ju 288 A sollte eine Tragfläche mit 22,00 m Spannweite erhalten. Als Abwehrbewaffnung waren bei der A-1 große, seitliche Vollsichtwaffenstände am Bug ohne Periskopvisier vorgesehen. Die A-2 wäre mit abgeflachten seitlichen Waffenständen mit Periskopvisier ausgerüstet gewesen. Die Startmasse beider Versionen lag bei 18500 kg, wobei die maximale Bombenlast 5000 kg betragen sollte. Als Musterflugzeug waren zeitweise die Ju 288 V 6 bis V 8 geplant. Da das RLM inzwischen eine vierköpfige Besatzung vorschrieb, wurde die Planung zugunsten der Ju 288 B mit vergrößerter Kabine und neuer Tragflächenkonstruktion aufgegeben.
Bei der B-Reihe sah man den Rumpf der Ju 288 A mit etwas breiterem Rumpfvorderteil und vergrößerter Spannweite vor. Als Bewaffnung sollten im ferngerichteten A-Stand unter dem Bug sowie im B-Stand hinter der Druckkabine jeweils zwei MG 131 zum Einbau gelangen. Im ebenfalls fernbedienten Heckstand wollte man ein Zwillings-MG 131, 151 oder 151/20 installieren. Um das Gesamtgewicht nicht zu erhöhen, wurde die Bombenzuladung auf 3600 kg reduziert. Als Prototyp für die B-Serie sah Junkers die V 9 vor.
Da in absehbarer Zeit noch nicht mit dem Jumo 222 zu rechnen war, sollte die Ju 288 zwei DB 606 A/B erhalten, mit welchen sich das elfte Versuchsmuster in der Erprobung befand.
Bei dieser, als Ju 288 C bezeichneten Version, wurde die Kanzel um 0,33 m verlängert, Strukturverstärkungen durchgeführt sowie ein zusätzlicher C-Stand hinter den Bombenschächten vorgesehen. Versuchsmuster für diese Baureihe waren die Ju 288 V 101 und V 102, welche im August 1942 mit DB 606 A/B-Triebwerken die Flugerprobung aufnahmen. Die weiteren Erprobungsmuster Ju 288 V 103 bis V 108 erhielten das für die Serie als Interimslösung vorgesehene Doppeltriebwerk DB 610 A/B. Die Ju 288 V 105 wurde gestrichen und daher nicht fertig gestellt. Am 4. Dezember 1943 flog die erste Ju 288 C-1. Anfang 1944 stoppte das RLM den Weiterbau sowie die Entwicklung.

Die frühe von Prof. Hertel vorgeschlagene Kabinenform der Ju 288, deren Layout erstmals im Dezember 1939 vom RLM begutachtet wurde.

Beladeversuche mittels Flaschenzug; in diesem Falle mit einer SB 2500 von 3,69 m Länge und einem Durchmesser von 0,78 m.

Der entsprechende Versuch mit einem hydraulischen Beladewagen.

Die Ju 288 V9 (VE+QP) gehörte zu den wenigen deutschen Flugzeugen, die mit dem Jumo 222 ausgerüstet werden konnten. Der Erstflug fand am 06.04. 1942 statt.

Der Besatzung der Ju 288 V13 (DF+CS) glückte am 15.05.1943 eine Notlandung auf freiem Feld.

Triebwerkserprobung bei der Ju 288 V 101, der ersten Maschine, die der geplanten Bauausführung C-1 nahezu entsprach. Die Aufnahme entstand Anfang 1943.

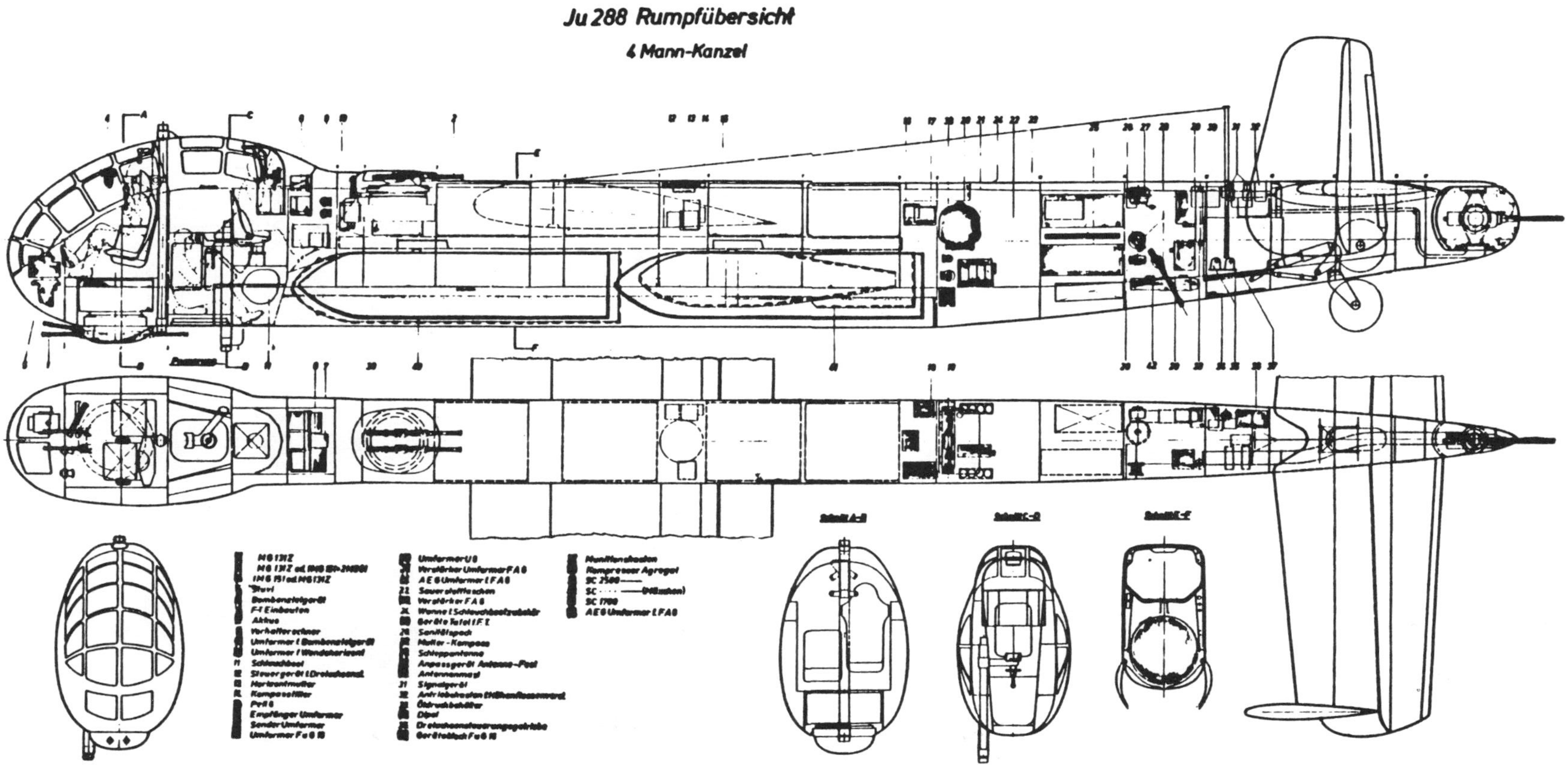

Rumpfansicht der Ju 288 mit viersitziger Kanzel und fernbedienter Defensiv-Waffenanlage.

Dornier Do 317

Die Firma Dornier bot für die »Bomber B«-Ausschreibung die Do 317 an, deren Attrappe am 17. Oktober 1940 durch Mitarbeiter der E-Stelle Rechlin und Tarnewitz sowie des RLM besichtigt wurde. Als Triebwerke wurden die im Entwicklungsstadium befindlichen Höhenmotoren DB 603, DB 604, Jumo 222 oder BMW 802 vorgeschlagen.
Im Dezember 1940 befanden sich neben der Do 317 A (mit Jumo 222) noch zwei Ausführungen mit DB 603 Antrieb bei Dornier in Arbeit und wurden dem Technischen Amt in Berlin als Projektbeschreibung vorgelegt.
Diesen ohne Druckkabine ausgelegten Entwürfen folgte die Do 317 B mit mehrsitziger Höhenkammer und einer auf 26,00 m Spannweite vergrößerten Fläche. Den Abschluß der Entwurfsphase bildete eine Do 317 mit zwei Jumo 222-Motoren und verbesserter Defensivbewaffnung. Diese bestand aus einem MG 81 Z im Bugstand, zur Bodenzielbekämpfung kam ein starres MG 151/20 im unteren Bugraum hinzu. Außerdem verfügte die Maschine über zwei B-Stände mit MG 131 sowie ein MG 131 im C-Stand. Der Bombenraum war gegenüber der Do 217 vergrößert und konnte nun vier SC 1000 oder acht SC 500, aber auch alle anderen gängigen Kaliber oder vier Bombenschüttbehälter BSB 700 aufnehmen. Insgesamt war die Do 317 in ihren Abmessungen gegenüber der Do 217 K etwas vergrößert und verfügte über eine geräumigere Zelle infolge der Querschnittsverbreiterung. Als deutlichstes Unterscheidungsmerkmal trat das dreieckige Seitenleitwerk hervor.
Am 8. September 1943 flog das erste von sechs bestellten Versuchsmustern der Do 317 mit DB 603 B-Triebwerken. Wegen der Beschaffungslage für die neuen Höhenmotoren und zugunsten einer Großserie der Ju 188 wurde die weitere Entwicklung der Do 317 vorzeitig gestoppt und noch 1943 die Verschrottung von bereits gefertigten Teilen der V 2 angeordnet.

Nur als Einzelstück wurde die Do 317 hergestellt. Die V1 (Kennung: VK+IY) flog erstmals am 8.09.1943. Die Maschine wurde zusammen mit bereits fertiggestellten Teilen der Do 317 V2 1944 verschrottet.

Focke Wulf 191

Der viersitzige Bomber und Fernaufklärer Fw 191 wurde mit zwei Jumo 222 C/D oder zwei DB 610 A/B-Doppelmotoren ausgelegt. Die rechnerische Höchstgeschwindigkeit lag bei 620 km/h, die Gipfelhöhe sollte 10300 m betragen. Bei einem Fluggewicht von 26650 kg belief sich der Anteil an militärischer Abwurflast immerhin auf 6000 kg. Neben allen gängigen Bombentypen war auch die Aufnahme von vier Lufttorpedos LT 1500 vorgesehen. Die 19,63 m lange Fw 191 hatte eine Spannweite von 26,00 m. Die Defensivbewaffnung sollte zwei MG 151 in Zwillingsdrehlafetten im Bug und Heck sowie zwei ferngesteuerte MG 81 Z Stände auf den Ausläufern der Triebwerksverkleidungen umfassen.

Gleichzeitig vergab das RLM einen Forschungsauftrag, bei der Fw 191 alle hydraulischen und mechanischen Stellbewegungen durch Elektromotoren (Servomotoren) auszuführen.

Im Herbst 1940 zeichneten sich die Probleme mit der neuen Triebwerksklasse II (Jumo 222 und DB 604) deutlich ab, und das Konstruktionsbüro mußte auf den leistungsschwächeren BMW 801 MA-2 zurückgreifen (hierdurch waren die technischen Vorgaben nicht mehr zu erreichen). Im Winter 1941 wurde zudem der Entwurf Fw 191 X13 mit handbedienten Waffenständen mit MG 131 für den ersichtlichen Fall, daß die fernbedienten Lafetten vorläufig nicht die Serienreife erreichten, vorgelegt.

Im Frühjahr 1942 konnte Dipl.-Ing. Mehlhorn mit der Fw 191 V 1 mit zwei BMW 801 MA Triebwerken in Hannover-Langenhagen zum Erstflug starten. Kurz darauf folgte auch das zweite Versuchsmuster. Nur die V 6 erhielt Ende 1942 zwei Jumo 222 A/B Motoren und konnte im Frühjahr 1943 unter Flugkapitän Hans Sander in Delmenhorst bei Bremen zum Erstflug starten.

Die ersten beiden Versuchsmaschinen absolvierten nur wenige Flugstunden, weil das aufwendige elektrische System häufig zusammenbrach und die vierfachunterteilte Landeklappen/Sturzflugbremsenkombination, die sogenannte Multhopp-Klappe, zum Flattern neigte.

Bei der Fw 191 V 6 wurde ein Teil der Elektrik durch hydraulische Anlagen ersetzt, um die Flugerprobung intensivieren zu können.

Der vordere Teil der 1 : 1 Attrappe der Fw 191.

Wie bei der Ju 288 plante Focke-Wulf Ausführungen der Fw 191 B mit DB 606- oder DB 610-Doppeltriebwerken. Zu einer Realisierung kam es ebensowenig wie bei der Fw 191 C mit vier Einzelmotoren Jumo 211 F, DB 601 E, DB 605 oder DB 628.

Eine Produktion der Fw 191 entfiel wegen des Anlaufes der Ju 388 K und L.
Für die Entwicklung der unkonventionellen Arado Ar E 320 mit zwei Leitwerkträgern konnte sich das RLM ebenfalls nicht entschließen.

Einen wesentlichen Teil der Flugerprobung der Fw 191 wurde von Dipl.-Ing. Mehlhorn vorgenommen. Hier ein mit zwei BMW 801 MA ausgerüstetes Versuchsmuster.

Unter Leitung von Dipl.-Ing. Kosel wurden die beiden Versuchsmuster, hier der erste Prototyp, gebaut.

Die Fw 191 V2 erfüllte wegen ihrer technischen Aufwendigkeit nicht die in dieses Muster gesetzten Erwartungen. Der Weiterbau der Fw 191 V3 bis V5 wurde daher eingestellt.

Nicht realisiert wurde das Arado-Projekt Ar E 340, dessen Leistungen dank zwei Jumo 222-Doppelsternmotoren alle vergleichbaren Baumuster übertroffen hätten.

Die Höhenfernaufklärer und -kampfflugzeuge

Junkers Ju 86 P

Die Grundlage für die Entwicklung eines Höhenaufklärers und -bombers beruhte auf den Erfahrungen mit der Ju 49 aus dem Jahr 1931 und der EF 61 (1937) mit Druckkabine. Die Konstruktionsarbeiten an dem Höhenforschungsflugzeug Ju 49 ba begannen Ende 1929. Am 2. Oktober 1931 gelang der Erstflug des einzigen Musters (D-2688, Werknr. 3701). Bis 1935 konnte eine Höhe von 13000 m erreicht werden. Die Maschine flog bei der DLV in Adlershof. Interessante Konstruktionsmerkmale waren die herausnehmbare Druckkabine für zwei Personen und die luftdicht gekapselte Zündanlage.

Der Höhenflugerprobung diente die Ju 48, die ab dem 24.10.1929 flog und am 1.11.1935 eine Höhe von 12.500 m erreichte.

Nach den Erfahrungen mit der Ju 49 folgte der Entwurf des Höhen-Fernbomber EF 61, der eine druckdichte Defensivbewaffnung erhalten sollte.

Von der Ju EF 61 entstanden die Musterflugzeuge E1 (Erstflug 4.03.1937) und die E2 (Erstflug 18.12.1937). Die Ergebnisse kamen direkt der Entwicklung der Ju 86 P zu gute.

Die Ju EF 61 E2 ging 1937 während der Erprobung zu Bruch.

Mit dem Schwerölmotor Jumo 207, einer Weiterentwicklung des Jumo 205, stand ein brauchbarer Höhenmotor zur Verfügung. Im September 1939 erteilte das RLM den Auftrag zum Bau von drei Höhenflugzeugen als Fernaufklärer und Störbomber. Aus der Ju 86 D-1/D-2 Serie entstand die Ju 86 H, welche später die Bezeichnung Ju 86 P erhielt. Ab Frühjahr 1940 nahmen die Ju 86 PV 1 bis PV 3 mit zweisitziger Höhenkammer und zwei Jumo 207 A (667 kW) die Flugerprobung auf. Die PV 3 verfügte über eine auf 25,60 m vergrößerte Spannweite und diente als erstes Vorserienflugzeug.

Im gleichen Jahr erschienen die Serienausführungen des Höhenbombers Ju 86 P-1 und des Aufklärers P-2. Insgesamt wurden 40 Flugzeuge aus der G-Baureihe umgebaut und zumeist an das Kommando Rowehl und die Aufklärungsgruppe Ob.d.L. geliefert. Neben der geänderten Tragfläche unterschied sich die Höhenversion durch eine geänderte Kabine, welche als Höhenkammer ausgelegt war.

Mit dem Jumo 207 A-1 erreichte die Ju 86 P-2 eine Höhe von 12500 m bei einer Flugmasse von 9500 kg. Sie verfügte zunächst über keine Defensivwaffen.

Die Höhenbomberversion P-1 konnte eine maximale Bombenlast von 1000 kg transportieren. Sie wurde aber nur gelegentlich zu Störflügen eingesetzt. Das Hauptaufgabengebiet blieb die Fernaufklärung.

Nach dem Abschuß von drei Ju 86 P durch mit Höhenmotoren ausgerüstete Spitfire V, im Sommer 1942, zeigte sich deutlich die Notwendigkeit höherer Flugleistungen. Es kam zur Entwicklung der Ju 86 R-1 und R-2 mit Jumo 207 B-1/B-3 mit GM-1 Zusatzanlage, welche eine Leistung von 735 kW erreichten. Diese Flugzeuge, mit nochmals verlängerten Tragflächen, konnten bis auf eine Flughöhe von 14800 m vorstoßen. Einige wenige Flugzeuge befanden sich zu Aufklärungszwecken noch bis 1944 beim Versuchsverband Ob.d.L.

Ende 1940 erfolgte die Erprobung der Ju 86 P-Ausführung; hierzu wurde die Ju 86 V28 (WerkNr. 5156) herangezogen.

Als Antrieb der Ju 86 P-1 dienten zwei Jumo 207 A-1-Dieselmotoren.

Bei der Versuchsstelle für Höhenflüge (Kommando Rowehl) war diese Ju 86 P-2 als unbewaffneter Höhenfernaufklärer eingesetzt.

Mit der Ju 86 P-2 wurden im Frühjahr 1943 von Athen aus Erkundungsflüge über dem östlichen Mittelmeer und bis nach Ägypten durchgeführt.

Bruchlandung einer Ju 86 R-1. Die Maschine besaß zwei Jumo 207 B-1 als Antrieb und hatte eine Spannweite von 32,00 m.

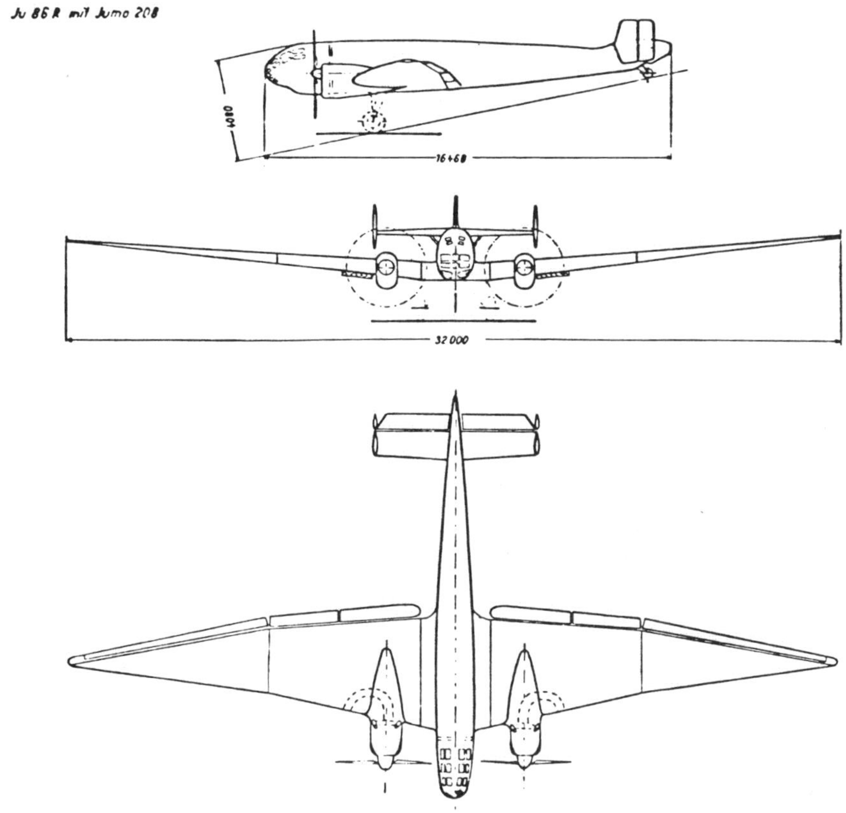

RLM
GL/C

FLUGZEUGTYPENBLATT

Ju 86 R

Ju 86 R-1: Höhenerkunder
mit Jumo 208

Ju 86 R-2: Höhenbomber
mit Jumo 208

In Untersuchung: Höhenaggregat
mit DB 605 als Lademotor

GL/C-B2

Geheime Kommandosache

Das offizielle Flugzeugtypenblatt der Ju 86 R des Technischen Amtes des RLM in der Fassung vom 1.1.1942. Die spätere Ju 86 R-1/R-2 wies im Cockpit-Bereich jedoch einige Änderungen auf.

Henschel Hs 130

Die beiden Höhenversuchsflugzeuge Hs 128 V 1 (D-APXB) und V 2 (D-ARHD) wurden zu Vorläufern der späteren Hs 130-Höhenkampfflugzeuge.
Den ersten beiden Prototypen (Hs 130 AV 1, GH+OM und Hs 130 AV 2, GH+ON) folgten zwischen August 1940 und Janaur 1941 mindestens sieben Nullserienmaschinen des Typs Hs 130 A-0, welche in der Mehrzahl von DB 601 A oder R-0-Reihenmotoren angetrieben wurden. Ein Teil der Flugzeuge wurde versuchsweise mit einer GM 1-Anlage nachgerüstet. Die A-0 mit den Werknummern 3005 bis 3009 erhielten DB 605 C-Flugmotoren. Die erste dieser Maschinen wurde am 5. September 1944 Opfer eines alliierten Luftangriffs auf Echterdingen. Das zweite Flugzeug wurde mit vergrößerten Flächen ausgerüstet. Nachdem man die Bauausführung Hs 130 B-0 bereits im Planungsstadium gestrichen hatte, wurden drei Hs 130 C-0 hergestellt. Das erste Musterflugzeug, die Hs 130 C-0/V 3 (Werknummer 0011, NK+EA), flog erstmals am 10. November 1941 und war — wie auch die C-0/V 4 — mit zwei BMW 801 MA-2 ausgerüstet worden. Die dritte C-0 flog dagegen mit zwei DB 603 A-0 und wurde bereits im Mai 1944 bei Henschel stillgelegt.
Die als Höhenkampfflugzeuge geplanten Maschinen (bis Werknummer 0030) wurden nicht gebaut. Ebenso erging es Henschel mit der Hs 130 D-0, die schon früh vom RLM gestrichen wurde und von der es keine Musterflugzeuge gab.
Die Baureihe E-0 besaß eine Höhenlader-Zentrale im Rumpf, welche den beiden DB 603-Höhenmotoren komprimierte Luft zuführte. Von fünf Nullserienflugzeugen (Werknummer 0051 bis 0055) stürzten zwei ab, eine weitere Maschine wurde bei Daimler Benz am 5. September 1944 zerstört und eine andere eingemottet. Zusammen mit mindestens drei Hs 130 E-1 (Werknummern 130040, 130060 und 130070) wurde mit der verbliebenen Hs 130 E-0 die Höhenerprobung bis zum Sommer 1944 fortgeführt. Der Verlust zweier E-1 führte jedoch dazu, daß die Serienreife nie erreicht wurde. Alle Planungen, insbesondere der Einsatz mit einer PC-1400X aus bis zu 14000 m Höhe, wurde daher nicht verwirklicht.
Die Hs 130 E-1 sollte nachträglich als Defensivbewaffnung schnellstmöglich mit zwei ferngesteuerten Zwillingsständen nachgerüstet werden.

Die Henschel-Werke produzierten von der Hs 130 A-0 acht Erprobungs- und Nullserienflugzeuge (WerkNr. 3003 bis 3010).

Im DVL-Windkanal (5 x 7 m) wurde ein 1:5 Modell der projektierten Hs 130 C Anfang 1942 getestet.

er Hs 130 E-0/E-1 wurden ab Sommer 1942 nur wenige Maschinen hergestellt. Es handelte sich bei Ausführung im Grunde um einen verlängerten A-0-Rumpf, der mit vergrößerten Flächen der C-0 en war.

Die Hs 130 E-0 (CF+OZ, WerkNr. 0054) wurde am 5.09.1944 bei einem Luftangriff auf das DB-Erprobungszentrum in Stuttgart-Echterdingen zerstört. Die Maschine besaß eine »Höhenlader-Zentrale«.

Junkers Ju 388

Mit der Ju 388 erreichte die Entwicklung eines Vielzweckflugzeuges, beginnend mit der Ju 88, ihren Höhepunkt. Die Kriegslage 1943 erforderte ein Kampfflugzeug mit entsprechender Höhenleistung. Im September 1943 begann mit dem »Hubertus«-Programm die Weiterentwicklung der Ju 188 zur Ju 388 (die Ju 288 war ein eigenständiger Entwurf für die »Bomber B«-Reihe). Dazu zählte auch der Höhen- und Allwetterjäger Ju 388 J — vermutlich drei Vorserienmaschinen gingen davon ab 1944 in die Flugerprobung — sowie der Höhenfernaufklärer Ju 388 L, welcher ab Herbst 1944 in wenigen Exemplaren gefertigt wurde. Die Reichweite betrug 3400 km, die Dienstgipfelhöhe 13500 m. Mit maximal 615 km/h in 12300 m lag die Geschwindigkeit aber unter der der Ju 188 T-1.

Eine Vorserie von zehn Höhenbombern Ju 388 K-0 lief ab Juli 1944 vom Band. Prototyp hierfür war die Ju 388 V 3, welche ab Januar 1944 ihre Flugerprobung aufnahm.

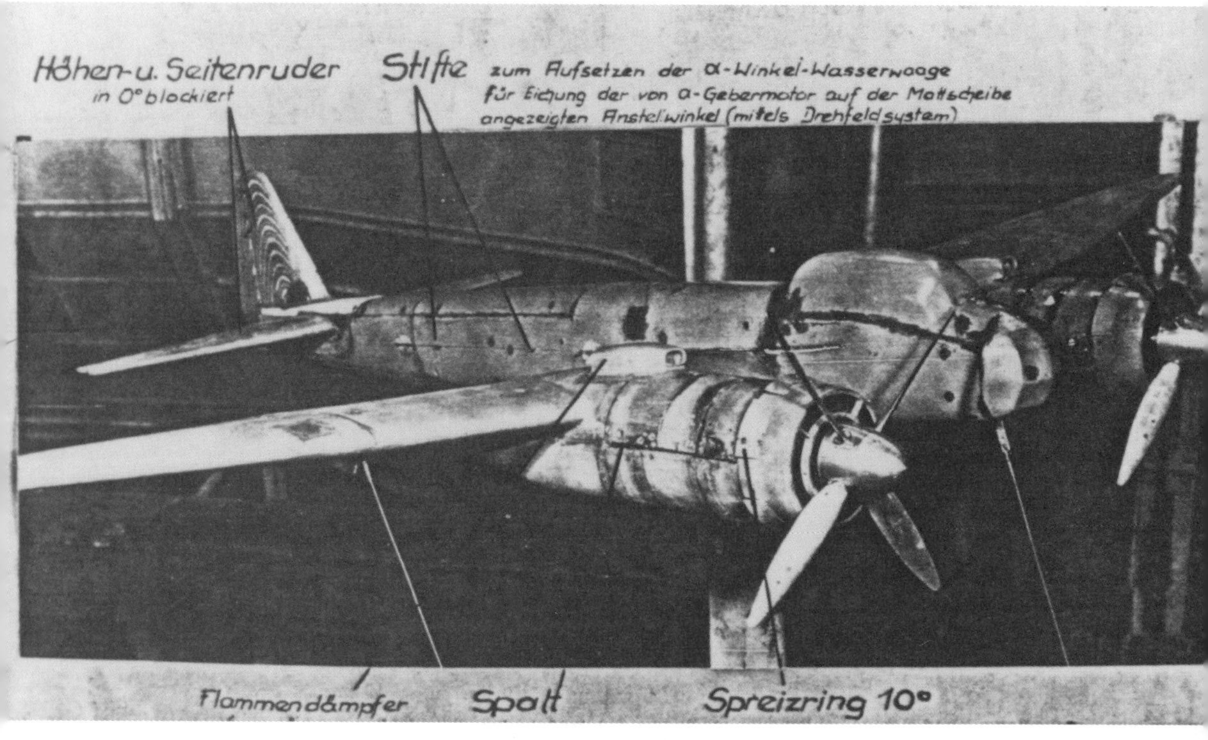

Windkanal-Modell der Ju 88 mit Jumo 211/213 und TK 11-Anlage; später war an den Einbau des BMW 801 TJ oder des DB 603 U gedacht.

Als erstes leistungsfähiges Höhenkampfflugzeug der zweiten Generation kam die Ju 388 heraus. Hier die Ju 388 V6 (PE+IF), die als L-1 in Tarnewitz erprobt wurde.

Trotz der schlechten Bildqualität ein Zeitdokument: Am 19.07.1944 kam es zum Bruch der Ju 388 L-0 (WerkNr. 300293).

Kabine der Ju 388 L-1, von der vermutlich nur vier Einsatzmaschinen hergestellt worden sind, von denen zwei bei der Erprobungsstaffel 388 in Rechlin geflogen wurden.

Der fernbediente Heckstand der Ju 388, der mittels Fernantrieb FA 15 über die PVE 11-Anlage gerichtet wurde und mit einer FHL 131 Z-Bewaffnung bestückt war.

Aus der Merseburger Ju 388-Produktion stammt diese Maschine, die durch die Fenster in den Rumpfbodenklappen als Fernaufklärer zu bestimmen ist.

Bruch einer Ju 388-Nullserienmaschine im Spätsommer 1944 bei Lechfeld.

Heinkel He 177 H/He 274

Bereits 1939 befaßte sich Heinkel mit der Konzeption einer Höhenausführung der He 177. Die Maschine sollte in 15000 m operieren können, eine Reichweite von 3000 km besitzen und maximal 2000 kg Bomben laden können. Im Oktober 1941 stimmte das RLM dem Bau von sechs Versuchsmustern der He 177 H zu. Hierbei sollten der Rumpf und die Kabine der He 177 A-1/U3 übernommen werden, jedoch vier Einzeltriebwerke DB 605 mit Turbolader zum Einbau kommen. Außerdem sah Heinkel ein doppeltes Seitenleitwerk vor. Das RLM verfügte, daß die Konstruktion teilweise an französische Firmen zu übergeben sei, um die Heinkel Werke zu entlasten.

Der wenig später erteilte Entwicklungsauftrag des nun als He 274 bezeichneten Höhenkampfflugzeuges sah eine Konstruktionsaufteilung zwischen Heinkel in Marienehe und Farman in Paris vor.

Als Bewaffnung sollten ein MG 131 im unteren Cockpitbereich und je ein MG 131 Z im fernbedienten B- und C-Stand zum Einbau kommen. Das Startgewicht durfte 29500 kg nicht überschreiten, um die Höhenleistung nicht zu verringern.

Durch technische Probleme im Bereich der Hydraulik, der Festigkeit der 44 m-Fläche sowie der ungeklärten Triebwerksfrage verzögerte sich die für Ende Juli 1943 geplante Ablieferung. Die einzelnen Baugruppen für die He 274 V 1 sollten in Frankreich hergestellt, jedoch bei Heinkel montiert werden. Erst ab September 1944 erwartete man die Auslieferung der ersten Vorserienmaschine. Doch schon am 20. April 1944 stornierte das RLM den Bau der Nullserie. Nur die He 274 V 1 bis V 3 und eine Bruchzelle sollten noch fertiggestellt werden. Auch die geplante »Sicherheitskanzel mit Katapultsitzen« entfiel. Kurz zuvor war die Einstellung der He 277, eine Weiterentwicklung der He 177 mit vier einzelnen BMW 801-Motoren auf Basis der He 274, bekannt geworden.

Anfang Juli 1944 stand die He 274 V 1 kurz vor dem Erstflug, als alliierte Truppen das Farman-Werk erreichten. Eine Überführung der Maschine nach Deutschland war noch nicht möglich, so daß die Triebwerke gesprengt wurden, jedoch die Maschine selbst unversehrt blieb. Das zweite Versuchsmuster befand sich noch in einem frühen Bauzustand.

Bei Kriegsende stellte Ateliérs Aéronautiqués des Surenes (A.A.S.), so der Name Farmans nach der Verstaatlichung, beide Baumuster unter der Bezeichnung A.A.S. 01 und 02 fertig. Am 27. Dezember 1945 startete die A.A.S. 01, ex He 274 V 1, zum Erstflug und diente ab 1948 der Erprobung des Forschungsflugzeug S.O. 4000. Die zweite He 274 flog bis 1953 mit erbeuteten DB 603 A Triebwerken mit TK 11 Lader als Testflugzeug.

Die Druckkabine der He 274 V1 glich weitgehend der für die He 177 A-4 projektierten Höhenkammer.

Als Höhenbomber sollte das zehnte und elfte Versuchsmuster der He 177 erprobt werden. Die Ergebnisse a ersten Tests flossen in die Entwicklung des viermotorigen Kampfflugzeuges He 274 ein.

Die Produktion der He 274 A-0 sollte bis zum 31.05.1945 insgesamt 27 Höhenkampfflugzeuge umfassen.

Seiten- und Frontansicht der He 274 V1, die ab 1945 unter französischer Regie als A.A.S 01 in Orelans-Bricy erprobt wurde.

Dornier Do 217 P

Bereits im Zuge der Do 215-Fortentwicklung kam es zum Mustereinbau des DVL-Abgasturboladers TK 9A unter der Tarnbezeichnung »Umbau Posen«. Die TK 9A-Anlage war direkt auf den beiden DB 601 A der Do 215 B aufgesetzt worden, wobei die Lufteinläufe oberhalb der Motorverkleidung lagen. In einem Bericht vom November 1942 stufte das RLM die Anlage als technisch zu aufwendig und im Dauerbetrieb unbefriedigend ein.

Im September 1941 begann die Konzeptionsphase für eine Weiterentwicklung der Do 217 A und L zum Höhenkampfflugzeug Do 217 P. Anstelle hochgezüchteter Motoren setzte Dornier, wie auch Henschel und Daimler-Benz, auf eine aufwendige Motorenanlage mit zwei Vortriebsmotoren DB 603 S-0 und einem DBV 605 T als reinen Antrieb für den Zentrallader, welcher die Ladeluftkühler der beiden DB 603 mit vorverdichteter Luft versorgte. Erste Prüfstandläufe dieser »Höhenladerzentrale« (HZ) begannen im Oktober 1941 in Stuttgart. Am Rumpf einer Do 217 E-2 fanden 1942 Einbaustudien statt. Mit einem umgebauten Flugzeug des gleichen Typs wurden im Februar 1943 mit der vergrößerten Tragfläche der künftigen Do 217 P Schwingungs- und Belastungsversuche durchgeführt.

Aus der Do 217 E-2 (Werknr. 1229) entstand das erste von vorerst drei bestellten Versuchsmustern des Höhenflugzeuges Do 217 P. Am 6. Juni 1942 startete die Do 217 PV 1 zum Erstflug. Nach einigen Testflügen bis 11300 m Höhe installierte Dornier Mitte August die vergrößerten Tragflächen (67,0 m²). Ab Ende August folgten Flüge mit zugeschalteter Höhenladerzentrale. Im März 1943 erreichte man mit 13650 m vorerst die größte Höhe. Bis zu diesem Zeitpunkt lag die Erprobung wegen störender Schwingungen, hervorgerufen durch den Ladermotor, und Problemen mit den Luftschrauben, häufig still. Inzwischen willigte das RLM dem Bau von weiteren drei Versuchsmustern ein, zumal auch die Hs 130-Erprobung im Zeitplan stark verzögert war.

Nach diversen Flügen bei Daimler-Benz, wobei Höhen bis 15000 m erreicht wurden, kam die Do 217 PV 1 im April nach Friedrichshafen, um die auf 71, 0 m² vergrößerte Tragfläche zu erhalten. Die mit Ladeluftkühlern alter Art versehene Do 217 PV 2 stand Daimler Benz erst ab September 1942 zur Verfügung. Im März 1943 fand ein Vergleichsfliegen der Do 217 PV 2 mit altem und der PV 3 mit neuem Ladeluftkühler statt.

Die Do 217 PV 2 ging im März 1944 infolge eines Bombenangriffs in Cazaux, wo die Maschine die Abwurferprobung aufnehmen sollte, verloren. Die Do 217 PV 4 bis PV 6 konnten nur zellenseitig fertiggestellt werden und wurden später eingemottet. Die PV 1 und PV 3 wurden zusammen mit einer Hs 130 E-0 am 5. September 1944 bei einem Tieffliegerangriff zerstört.

Auch von der Do 217 P kamen nur wenige Musterflugzeuge heraus. Die Do 217 PV1 unternahm bis zum 22.10.1942 lediglich 33 Flüge.

Als weiterer Weg zu einem höhenkampffähigen Einsatzmuster wurde der Einbau von speziellen Höhenladern gesehen. Hier eine Do 215 B-6 mit TK 9-Anlage, dem sog. »Umbau Braunschweig«.

Der verpaßte Übergang zum strategischen Einsatz

Dornier Do 19

Die Do 19 gehörte mit der Ju 89 zu den inoffiziell als »Ural-Bomber« bezeichneten Flugzeugen, welche der erste Generalstabschef der Luftwaffe, Generalleutnant Walter Wever, befürwortete. Mit dem viermotorigen, strategischen Langstreckenbomber sollte eine Bombenlast von etwa 1500 kg über 2000 km transportiert werden. Die Flugmasse betrug 19000 kg, die Dienstgipfelhöhe 8000 m. Als Bewaffnung waren handbediente Drehlafetten mit MG 15-Bestückung auf und unter dem Rumpf vorgesehen. Die Do 19 V 1 startete unbewaffnet am 26. Oktober 1936 zum Erstflug.

Vom Fernbomber kam das RLM im Herbst 1936 ab und forderte nun ein Großflugzeug mit vier Motoren, von welchen je zwei zu einer Triebwerkseinheit zusammengefaßt waren und eine Luftschraubenwelle bedienten. Auf diesem Antriebsprinzip baute Heinkel mit der He 177 auf. Im April 1937 wurden daher alle weiteren Arbeiten an dem »Ural-Bomber« gestoppt. Die Versuchsmuster Do 19 V 2 und V 3 wurden, bevor sie flugfertig waren, verschrottet. Die Do 19 V 1 stand vermutlich bis 1938 als Transportflugzeug im Dienst.

Die Do 19 (D-AGAI, WerkNr. 701) während der Werkserprobung in Friedrichshafen-Löwenthal.

Die unbewaffnete Kabine der ersten Do 19 im Frühsommer 1937.

Junkers Ju 89

Die Ju 89 entstand parallel zur Do 19 im Rahmen der »Ural-Bomber«-Ausschreibung. Die Bombenlast und die Bewaffnung entsprachen der Do 19, ebenso die Leistungen, obwohl die Flugmasse 22800 kg betrug. Das erste Versuchsmuster absolvierte im Dezember 1936 mit Jumo 210 A Triebwerken (500 kW), die Ju 89 V 2 im Frühjahr 1937 mit vier DB 600 A Motoren (705 kW) ihren Jungfernflug. Aus der Ju 89 V 3 entwickelte Junkers ein Großverkehrsflugzeug, die Ju 90. Im Sommer 1938 wurden die Baugruppen der Ju 89 V 3 für die Ju 90 V 4 verwandt, die zum Ausgangsmuster für die Ju 90 A-1 Transporter-Reihe wurde.

Werkszeichnungen der mit einer aus vier Waffenständen bestehenden Defensivbewaffnung der geplanten Ju 89 A-1.

Das erste Versuchsmuster des schweren Bombers Ju 89 V1 (WerkNr. 4911, D-AFIT), der wie auch die Do 19 nicht in Serie ging.

Focke-Wulf Fw 200

Die japanische Marine bestellte, zusätzlich zu fünf zivilen Fw 200 B, eine militärische Version des viermotorigen Verkehrsflugzeugs als Seefernaufklärer. Focke-Wulf baute die Fw 200 V 10 zwecks einer militärischen Verwendbarkeit um. Die Maschine erhielt zwei Luftbildkameras für Senkrecht-Aufnahmen, zusätzliche Treibstoffbehälter im Rumpf und zwei MG 15 als Abwehrbewaffnung. Der Kriegsausbruch verhinderte eine Auslieferung an die Japaner. Das RLM zeigte nun Interesse an dem Aufklärer, zumal die Arbeiten an der He 177 ins Stocken gerieten. Gleichzeitig sollte die Möglichkeit untersucht werden, die Maschine auch zur Schiffsbekämpfung einzusetzen. Das RLM akzeptierte das entsprechend umgerüstete und als Fw 200 C bezeichnete Flugzeug und gab im September 1939 den Auftrag über eine Vorserie von zehn Fw 200 C.

Bis Sommer 1940 lief die C-1 Serie mit Bombenabwurfanlage, je ein MG 15 im B1- und B2-Stand sowie C-Stand (mit Schußfeld nach hinten unten) an. Außerdem wurde der Einbau eines MG FF in der Bodenwanne mit Schußrichtung nach vorne unten (D-Stand) vorgesehen. An Abwurfwaffen konnten vier 250 kg Bomben an ETC unter den äußeren Motorgondeln und der inneren Tragfläche sowie 250 kg Bomben im — als Bodenwanne ausgelegten — Bombenschacht mitgeführt werden. Durch den zusätzlichen Einbau von Treibstoffbehältern stieg die Reichweite bei einer Reisegeschwindigkeit von 290 km/h auf etwa 5000 km. Die Höchstgeschwindigkeit lag bei 360 km/h in 4800 m Höhe, die Dienstgipfelhöhe bei etwa 5800 m. Die Abflugmasse betrug 20500 kg, ein Wert, welcher an der äußersten Grenze der strukturellen Belastbarkeit des Behelfskampfflugzeuges lag.

Als Triebwerk fanden vier BMW 132 H-1 Sternmotoren mit 735 kW Leistung Verwendung. Neben Erfolgen bei der Bekämpfung alliierter Schiffe diente die Fw 200 C-1 auch der Aufklärung und als Fühlungshalter für U-Boote. In konzertierten Auktionen zwischen Marine und Luftwaffe gelangten in den ersten Kriegsjahren deutliche Erfolge.
Mit der Fw 200 C-3 stand ab Sommer 1941 eine strukturell verbesserte Version mit leistungsstärkeren BMW-Bramo 323 R-2 Sternmotoren (883 kW) zur Verfügung. Die Waffenstände und der Pilotensitz wurden gepanzert. Der D-Stand war serienmäßig mit MG FF ausgerüstet, der A-Stand als Kuppel ausgebildet. Die Außen-ETC konnten nun maximal zwei SD 1400, PC 1700 oder SC 1800 aufnehmen. Die Version C-3/U4 verfügte über eine nochmals gesteigerte Treibstoffkapazität und die Möglichkeit, zwei LT S5 Lufttorpedos an den äußeren ETC mitzuführen. Das MG 131 ersetzte das MG 15 im B-Stand, der D-Stand erhielt ein MG 151/20. Die Besatzung bestand aus sieben Mann.

Im zweiten Quartal 1941 erfolgte bei mehreren Maschinen der Einbau des Radar-Suchgeräts »Rostock«. Kurze Zeit später wurde es durch das FuG 200 »Hohentwiel« ersetzt. Insbesondere die Fw 200 C-4 erhielt diese Ausrüstung. Zusätzlich verstärkte man die Abwehrbewaffnung durch den Einsatz der HDL 151 im B1-Drehturm mit MG 131 oder MG 151/20, wie er schon bei der C-3/U1 zu finden war. Die C-3/U2 und C-3/U3 besaßen das Bombenzielgerät Lotfe 7D.

Mit der Fw 200 C-5 stand ein Trägerflugzeug für zwei Hs 293 Gleitbomben zur Verfügung. Die verbesserte C-6 Reihe besaß ein FuG 203b Sendegerät für die Gleitbombensteuerung sowie das FuG 200 Suchradar.
Mit geänderter Bodenwanne, um für bessere Sichtverhältnisse des Hs 293-Lenkschützen zu sorgen, erschien die der C-4 entsprechende Fw 200 C-8.

Bis Februar 1944 lieferte Focke-Wulf etwa 263 Behelfskampfflugzeuge Fw 200 C aus.

Die fehlenden Langstrecken-Kampfflugzeuge erforderten Behelfslösungen, beispielsweise die Fw 200 C-1 (hier: WerkNr. 0013), ein Fernaufklärer und Behelfsbomber.

Die mit vier Waffenständen versehene Fw 200 C-1 (BS-AJ) im Jahre 1940.

Als Kampfflugzeug mit vergrößerter Reichweite wurde 1941 die Fw 200 C-3/U2 hergestellt. Im Vordergrund die DE+OJ (WerkNr. 0055).

Der vordere Waffenstand der Fw 200 C-5 bestand aus einer HDL 151-Anlage mit Lafette L 151/I.

Zwei Ansichten einer mit dem Schiffssuchgerät FuG 200 ausgerüsteten Fw 200 C-4 des KG 40.

Junkers Ju 290

Aus dem viermotorigen Passagier- und Transportflugzeug Junkers Ju 90 entwickelte Junkers die leistungsstärkere Ju 290. Das erste Versuchsmuster absolvierte den Jungfernflug am 16. Juli 1942. Auf Grundlage dieses Transportflugzeuges entstand ab 1943 die mit stärkeren BMW 801 ausgerüstete Ju 290 A-3, von denen einige als Aufklärer Verwendung fanden. Ihre Flugdauer betrug maximal 18 Stunden.

Von den fünf gebauten Flugzeugen der A-4 Serie wurde mindestens eine Maschine für den Gleitbombeneinsatz mit der Hs 293 und Fritz X mit »Kehl« Fernsteueranlage ausgerüstet. Die Ende 1943 nachfolgende Ju 290 A-5 hatte drei ETC 2000 Außenträger sowie ein zusätzliches MG 151/20 im Bug.

Im Frühjahr 1944 ging das Fernkampf- und Aufklärungsflugzeug Ju 290 A-7 in die Flugerprobung. Sie verfügte über eine verstärkte Zelle, serienmäßig verglasten Rumpfbug der A-4, FuG 203e Fernsteueranlage für den Gleitbombeneinsatz, sieben MG 151/20 und ein MG 131 sowie Bildgeräte für seitliche Schrägaufnahmen. Die Abflugmasse betrug 46000 kg. Als Höchstgeschwindigkeit erreichte diese Version mit vier BMW 801 D Triebwerken 438 km/h in 5000 m Höhe. Als Reichweite gaben die Werksunterlagen 5800 km an.

Die Ju 290 A-8 besaß eine um zwei hydraulisch betätigte Waffentürme mit vier MG 151/20 verstärkte Defensivbewaffnung. Hinzu kam ein neuer Heckstand mit zwei MG 151/20. Die maximale Bombenlast betrug 3000 kg oder drei Fernlenkbomben. Die Flugleistungen entsprachen weitgehend der A-7. Etwa 45 Ju 290 wurden bis zur Einstellung der Montage im Jahre 1944 fertiggestellt. Die geplante Serienausführung Ju 290 B-1, eine Versuchsmaschine stand 1945 in Prag, sollte zusätzlich einen Vierling-Heck- und Bugstand erhalten.

Als maritimes Kampfflugzeug entwickelten die Junkers-Werke die Ju 290 A-5. Hier die erste Mustermaschine (KR+LA, WerkNr. 0170), die im November 1943 an Luftbetankungsversuchen teilnahm.

Die schwenkbare Reihenbildanlage der Ju 290 A-7 und das zur Seite geschwenkte bewegliche MG 151.

Bruchbilder der Ju 290 A-7 (KR+LL) vom 1.04.1944. Die Maschine gehörte zum Bestand der 2. Staffel der Fernaufklärungsgruppe 5.

Als Kampfflugzeug, das zur Mitführung von nachsteuerbaren Abwurflasten ausgerüstet war, kam die Ju 290 A-5 heraus; hier die WerkNr. 0180, welche die Kennung KR+LK trug.

Außer bei der LTS 290 und der Fernaufklärungsgruppe 5, fanden sich die meisten Ju 290 beim KG 200.

Junkers Ju 390

Aus der Ju 290 entwickelte Dipl.-Ing. Kraft die sechsmotorige Ju 390. Sie hatte den auf 34,20 m verlängerten Rumpf und die auf 50,36 m vergrößerten Tragflächen der Ju 290. Hinzu kam ein zweites Fahrgestell unter den Mittelmotoren. Die Zuladung betrug 10000 kg, womit eine Reichweite von 8000 km bei 330 km/h in 2000 m Höhe erreichbar sein sollte. Ab August 1943 ging die Ju 390 V 1 in Dessau in die Erprobung. Im Oktober 1943 folgte die Ju 390 V 2.

Die bewaffnete Ausführung trug die Bezeichnung Ju 390 A-1 und sollte bei der FAG 5 die dort geflogenen Ju 290-Fernaufklärer ablösen. Ferner war geplant, die Maschinen als Langstrecken-Kurierflugzeuge einzusetzen.

Von der Ju 390 wurden nur zwei Maschinen hergestellt, von denen die erste am 20.10.1943 die Flugerprobung aufnahm.

Messerschmitt Me 264

Als Vorstufe für einen »Amerika-Bomber« entwickelten die Messerschmitt-Werke unter Leitung von Dr. Konrad auf eigenes Risiko die Me 264 mit vier Jumo 211 J Reihenmotoren. Am 23. Dezember 1942 startete der Schulterdecker mit 34,90 m Spannweite und vollverglastem Bug zum Erstflug. Als Besonderheit galt damals das erstmals bei einem viermotorigen deutschen Flugzeug verwendete Bugradfahrwerk.

Im Frühjahr 1943 erhielt die ohne Druckkabine gebaute Me 264 V 1 (RE+EN) vier BMW 801 G-2 Sternmotoren. Am 23. März 1943 kam es zu einem Fahrwerksbruch bei der V 1. Das zweite Versuchsmuster sollte gleich mit den BMW-Triebwerken und einer auf 43,00 m Spannweite vergrößerten Tragfläche ausgeliefert werden. Die ebenfalls unbewaffnete Me 264 V 2 ging Ende 1943 bei einem Bombenangriff verloren. Im Herbst 1944 ereilte dieses Schicksal vermutlich auch das erste Versuchsmuster. Während der Erprobung wurde die Triebwerksanlage mehrmals geändert. So besaß das erste Versuchsmuster im Juni 1943 vier Jumo 211 J und im Mai 1944 vier BMW 801 MG-2 Sternmotoren.

Der Prototyp für die geplante A-Serie, die Me 264 V 3, wurde nicht mehr ausgeführt. Dieses dritte Versuchsmuster, ebenfalls mit 43,00 m Spannweite, sollte eine Abflugmasse von 49000 kg aufweisen und in 8000 m Höhe eine rechnerische Geschwindigkeit von 565 km/h erreichen. Die maximale Flugstrecke wurde mit 12500 km berechnet. Bei der A-Serie hätten sich das Abfluggewicht auf 56000 kg und die Reichweite auf 15000 km erhöht.

Der eigentliche »Amerika-Bomber«, die Me 264 B, sollte mit sechs Motoren ausgerüstet werden. Sie blieb aber Projekt.

Die Me 264 V1 (RE+EN, WerkNr. 264 00001) wurde zunächst von vier Jumo 211J angetrieben und erhielt später vier BMW 801-Sternmotore.

Das Cockpit der Me 264 V1. Die Maschine absolvierte bis zum 2.5.1944 insgesamt 49 Testflüge.

Von der Me 264 waren auch sechsmotorige Ausführungen und Versionen mit vier Strahlturbinen oder einer Dampfturbine in der Planung.

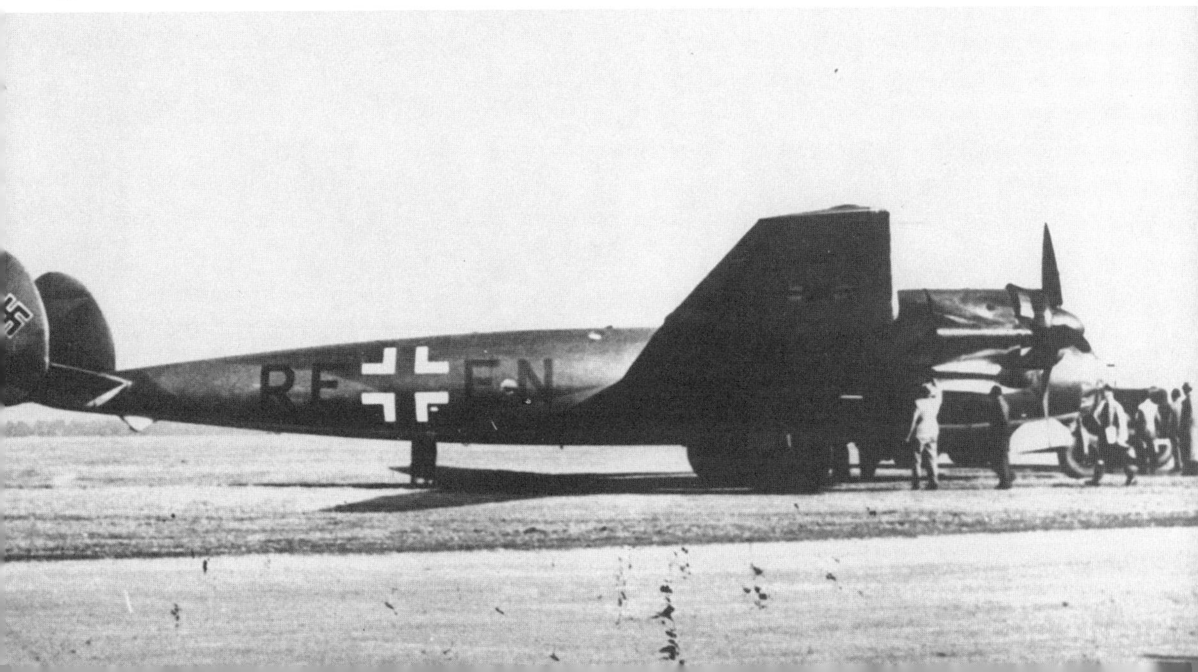

Focke-Wulf Ta 400

Nur als Windkanalmodell existierte die Ta 400 bei Focke-Wulf. Den sechsmotorigen »Fernkampfzerstörer« und »Fernerkunder« mit neun Mann Besatzung stellte Focke-Wulf in einer Baubeschreibung vom Oktober 1943 mit sechs BMW 801 E Sternmotoren und einer Abflugmasse von 62500 kg vor. Die Spannweite sollte 42,00 m, die Länge 29,40 m betragen. An Abwurfwaffen sollte eine maximale Zuladung von 10000 kg im neun Meter langen Bombenraum sowie die externe Mitführung unter anderem von Hs 293 und Hs 294-Gleitbomben möglich sein. Als Bewaffnung sah man im A-Stand eine FDL 103Z mit zwei MK 103, im B- und B1-Stand je eine Drehringlafette HDL 151Z, im Heckstand eine HL 131V sowie im C-Stand eine FDL 151Z vor. Ein Tankraumvolumen von 27000 l hätte eine Reichweite von etwa 9000 km ermöglicht. Focke-Wulf sah die Ta 400 primär zur Schiffsbekämpfung, Seefernaufklärung sowie zur Abwehr (!) feindlicher Flugzeuge, welche die deutschen U-Boote stören sollten, vor.

Die von Focke-Wulf geplante Ta 400 stellte das Bindeglied zwischen taktischem und strategischem Kampfflugzeug dar. Eines von zahlreichen Windkanalmodellen wurde im Sommer 1943 getestet.

Junkers Ju 488

Nach den Problemen mit der He 177 bot Junkers dem Technischen Amt Anfang 1944 als Alternativlösung die viermotorige Ju 488 an. Dieser Entwurf sollte den kompletten vorderen Rumpfteil mit Druckkabine sowie die Tragflächen der Ju 388 K/L, das Rumpfmittel- und Heckteil der Ju 188 E, die hölzerne Bodenwanne der Ju 88 A-15/Ju 388 K sowie das Leitwerk der Ju 288 C erhalten. Zusätzlich würden der Rumpf und die Tragflächen durch den Einbau neuer Segmente verlängert werden. Die Herstellung des Rumpfes und des neuen Tragflächenmittelstückes übernahm das ehemalige Latécoére-Werk in Toulouse. Im Juli 1944 zerstörte die Resistance die für den Bahntransport zur Endmontage nach Bernburg fertiggestellten Rümpfe der Ju 488 V 401 und V 402.
Da bei den beiden Versuchsmustern (V 401 und 402) die Rumpfkonstruktion nicht überzeugte, wurden bei der Ju 488 V 403 bis 406 ein neuer, um drei Meter verlängerter und breiterer Rumpf in Stahlrohrkonstruktion mit Leichtmetallbeplankung des Vorder- und Mittelrumpfes und Stoffbespannung am Heckteil gewählt. Die Bodenwanne entfiel. Diese Bauweise sollte auch bei der für Mitte 1945 geplanten A-Serie Anwendung finden. Lediglich die Druckkabine der Ju 388 K/L sollte übernommen werden.
Anstelle der vier BMW 801 TJ Motoren mit 1323 kW Startleistung sah Junkers ab der V 403 die Verwendung von vier Jumo 222 (1840 kW) vor. Unter jeder Motorgondel befand sich ein Einziehfahrgestell. Auf der Rumpfmitte erhielt die V 403 einen fernbedienten Waffenstand mit zwei MG 151/20, am Heck mit zwei MG 131. Die maximale Bombenlast wuchs nun von 2000 kg auf 5000 kg, die Reichweite stieg von vormals 2000 km auf 3400 km bei einer Reisegeschwindigkeit von 485 km/h in 7200 m Höhe. Im November 1944 stoppte das RLM alle Arbeiten an der Ju 488. Im Januar 1945 wurde die Lizenz für den Bau der Ju 488 an Japan vergeben. Der Nachbau fand dort infolge der Kriegsereignisse nicht mehr statt.

Die Verwendung der Strahlflugzeuge als neue Waffe

Arado Ar 234

Auf Grund der Entwicklung im Bereich der Strahltriebwerke bei Junkers und BMW forderte das RLM Projektvorschläge für den Bau eines strahlgetriebenen Fernaufklärers mit 2200 km Reichweite zur Ablösung der Ju 86 P. Im Spätherbst 1940 begann Arado unter Leitung des Technischen Direktors Walter Blume mit den Vorentwürfen für ein solches Flugzeug. Anfang 1941 legte Arado einige Projektstudien vor, aus denen der Entwurf E 370 im Oktober 1941 den Auftrag durch das Technische Amt nach sich zog. Die später als Ar 234 bezeichnete Konstruktion stellte einen einsitzigen, ungepfeilten Schulterdecker mit verglaster Vollsichtkanzel, zwei Strahltriebwerken und einfachem Seitenleitwerk dar. Zunächst verzichtete Arado auf ein einziehbares Fahrwerk. Die Landung sollte mittels im Rumpf einziehbarer Kufe sowie Stützkufen, die unter den Triebwerken angebracht waren, erfolgen. Für den Start sah man einen Startwagen und Starthilferaketen vor. Das Rollgewicht lag bei 9000 kg, wobei etwa 500 kg auf den Wagen entfielen.

Im April 1942 erhielt Arado durch GFM Milch den Auftrag zum Bau von sechs Versuchsmustern, welcher am 20. Dezember 1942 auf 20 Einheiten erhöht wurde. Am 19. Februar 1943 erfolgte der Bescheid für zwei Musterflugzeuge mit Einziehfahrwerk, die auch für die Erprobung als Schnellbomber vorgesehen waren. Anfang Juni des gleichen Jahres wurde ein weiterer Auftrag über zwanzig Flugzeuge mit Einziehfahrwerk erteilt.

Wegen der Probleme bei der Entwicklung der Jumo 004-Strahlturbine dauerte es bis Februar 1943, ehe zwei dieser Aggregate zur Verfügung standen und bei der Ar 234 V 1, allerdings nur zur Bodenerprobung zugelassen, installiert werden konnten. Mitte Juli 1943 wurde das erste Versuchsmuster zerlegt zur Flugerprobung nach Rheine gebracht, dort erneut montiert und mit zwei flugzugelassenen Jumo 004 versehen. Unter Flugkapitän Selle fand am 30. Juli 1943 der Erstflug statt.

Nach drei Erprobungsflügen wurde die V 1 Ende August 1943 bei der Landung schwer beschädigt. Ab dem 13. September des gleichen Jahres stand die Ar 234 V 2 zur Verfügung. Bei einem Flug am 1. Oktober 1943 kam es in 1500 m Höhe zum Brennschluß der linken Turbine mit anschließendem Feuer, welches zum Absturz des Flugzeuges führte.

Das Ende September 1943 nach Alt-Lönnewitz überführte dritte Versuchsmuster diente als Mustermaschine für die geplante, mit Druckkabine, Schleudersitz und Landekufe versehene Ar 234 A-Serie. Da das RLM zwischenzeitlich die Ausführung mit Fahrwerk vorzog, kam es nicht mehr zum Bau der A-Ausführung.

Die Ar 234 V 4 flog erstmals am 18. Dezember 1943. Das fünfte Versuchsmuster startete vier Tage später mit dem ersten Vorserien-Jumo 004 B-Serientriebwerk. Die Ar 234 V 6 flog mit vier einzeln aufgehängten BMW 003 TL-Triebwerken. Bei dem achten Versuchsmuster waren diese vier BMW 003 paarweise angeordnet. Der Erstflug der Maschine erfolgte am 4. Februar 1944. Zusammen mit der Ar 234 V 13 und V 19 stellten sie Versuchsflugzeuge für die Ar 234 C-Reihe dar. Der neunte Prototyp erhielt erstmals ein ein-

ls Erprobungsmuster für das zweistrahlige Kampfflugzeug »Hecht«, die Ar 234 B-2, fungierte die V9 VerkNr. 130009, PH+SQ) März 1944.

Major Bätcher (Mitte) vor einer Ar 234 B-2 der III./KG 76, die er Anfang 1945 führte.

Als behelfsmäßiger Zugkraftwagen wurde dieser Opel »Blitz« mit Tankaufbau genutzt.

Wartung von zwei Ar 234 der III./KG 76 in einer Halle des Flugplatzes Münster-Handorf.

ziehbares Burgradfahrwerk und wurde damit zum Musterflugzeug für die B-Serie, deren Fertigung Ende 1943 in Alt-Lönnewitz anlief. Den Erstflug absolvierte die V 9 am 12. März 1944. Die ersten Nullserienflugzeuge gingen im Juni 1944 in den Einflugbetrieb.

Kurze Zeit später folgte der Bau einer kleinen Serie des Aufklärers Ar 234 B-1 mit PATIN-Dreiachssteuerung PDS 11/12, Reihenbildgerät sowie zwei abwerfbaren 300 l Kraftstoffbehältern.

Die Ar 234 B-2 konnte insgesamt drei 500 kg Bomben unter dem Rumpf und den Triebwerksgondeln mitführen. Als größte Einzellast sah man eine PC 1400 vor. Die Maschine erreichte mit einer Flugmasse von etwa 8000 kg (einschließlich einer SC 500) eine Höchstgeschwindigkeit von ca. 700 km/h. Die Reichweite lag bei 1500 km. Am 2. Oktober 1944 wurde der Befehl zum Einsatz der Ar 234 B-2 als Bomber erteilt. Am 15. November 1944 waren jedoch erst 16 Flugzeuge einsatzklar.

Bis zum 14. Dezember 1944 wurden 116 Ar 234 fertiggestellt, davon befanden sich etwa 55 Flugzeuge beim KG 76.

Bis Februar 1945 sollten alle 210 Flugzeuge der B-Reihe ausgeliefert sein und deren Produktion zugunsten der vierstrahligen C-Serien eingestellt werden. Zwei Fertigungsstraßen entstanden hierfür in Alt-Lönnewitz und in Brandenburg-Neuendorf. Diese sollten bis November 1945 eine monatliche Höchstausbringung von 500 Flugzeuge erreichen.

Im Frühjahr 1945 wurden einige Ar 234 B auf zweisitzige Schulflugzeuge Ar 234 B-1a umgebaut.

Für die Ar 234 C standen zunächst die Versuchsmuster V 6 mit vier Einzeltriebwerken sowie die V 8 zur Verfügung. Beide Versuchsmuster besaßen eine Landekufe. Ab Sommer 1944 kam die Ar 234 V 13 mit paarweiser Anordnung der Strahlturbinen und Einziehfahrwerk hinzu. Ab Ende September und Ende Oktober 1944 folgten die V 19 bis V 21 in gleicher Bauart. Die in Küpper-Sagen (Niederschlesien) stationierte Ar 234 V 21 wurde zur Mustermaschine der C-Reihe. Sie absolvierte ihren Erstflug am 16. Oktober 1944.

Der Aufklärer Ar 234 C-1 entsprach in der Ausrüstung der B-1, hatte jedoch vier paarweise angeordnete BMW 003 TL-Triebwerke und eine nach hinten feuernde, starre Abwehrbewaffnung mit zwei MG 151/20.

Die Ar 234 C-2 stellte einen reinen Schnellbomber ohne Abwehrbewaffnung mit einer maximalen Abwurflast von 1500 kg an drei Außenstationen dar.

Die Ausführung C-3 war als Mehrzweckkampfflugzeug für den Schnellbomber-, Nachtjagd- und Schlachtfliegereinsatz gedacht. Die Bewaffnung bestand aus je zwei starr im Bug und Heck eingebauten MG 151/20.

Die Aufklärerversion Ar 234 C-4 entsprach der C-1, sollte aber vier BMW 003C Turbinen enthalten.

Bei dem Schnellbomber Ar 234 C-5 hätte erstmals eine Zwei-Mann-Kanzel Verwendung finden sollen, um den Piloten zu entlasten. Die Attrappe der Ausführung C-5 wurde bereits am 30. Oktober 1944 besichtigt. Das Leergewicht wurde mit 6570 kg angegeben. Das Startgewicht betrug ohne die 300 kg schweren Startraketen 11150 kg.

Ebenfalls zweisitzig wurde der Aufklärer Ar 234 C-6 ausgelegt.

Ein Projekt blieb der zweisitzige Nachtjäger Ar 234 C-7 mit vier stärkeren Heinkel-Hirth HeS 011 oder Jumo 004C Strahlturbinen. Neben einem MG 151/20 im Bug war die Verwendung eines Rüstsatzes mit zwei MK 108 unter dem Rumpf geplant. Das Startgewicht bei dieser Version sollte 10400 kg betragen.

Für den Schnellbomber Ar 234 C-8 sollten die Jumo 004D Turbinen und als Bewaffnung zwei Frontwaffen MG 151/20 zum Einbau kommen.

Für die Großserie waren die Ar 234 C-3 und C-5 Reihe vorgesehen. Bis Kriegsende wurden nur wenige Ar 234 C-1 Serien- und C-3 Vorserienmaschinen montiert, konnten aber teilweise nicht mehr mit Triebwerken ausgerüstet werden. Für die Baureihe C-3 befanden sich noch die Versuchsmuster V 21 bis V 25 sowie für die Serienausführung C-5 die V 28 in Arbeit. Die V 29 bis V 40 wurden nicht mehr fertiggestellt.

Start einer Ar 234 B-2 (F1+ET) Einsatzmaschine der 9./KG 76 mit Hilfe zweier Startraketen.

Attrappe der Kabinensektion der projektierten Ar 234 C-3.

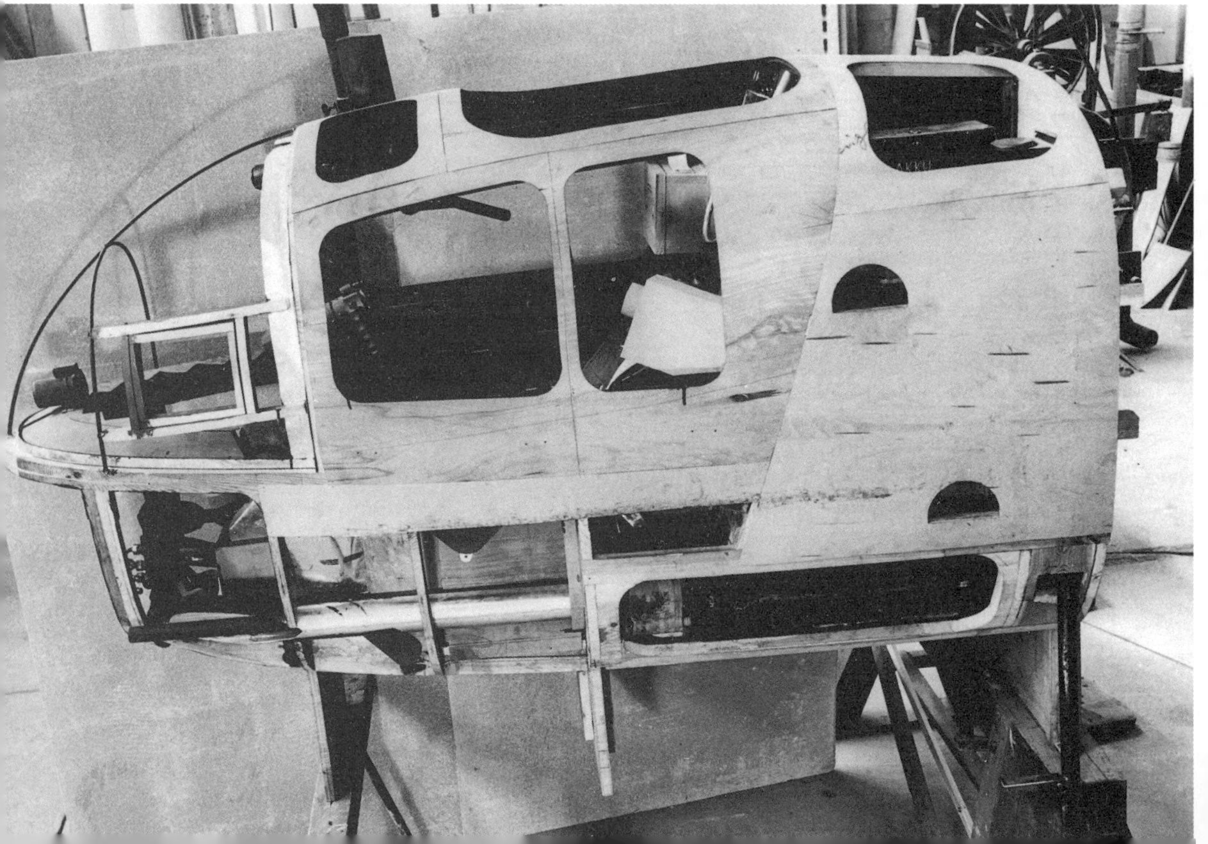

Eine wesentlich verbesserte Kabinenausführung sollte die Ar 234 C-5, ein zweisitziger Strahlbomber, erhalten, dessen Kabinen-Attrappe 1944 fertiggestellt wurde.

Als Vorläufer der Ar 234 C-3 wurde die Werk-Nr. 130023 gebaut, die ab dem 6.09.1944 fertiggestellt wurde.

Bomber

Ar 234 B-2
m.2x Jumo 004-B

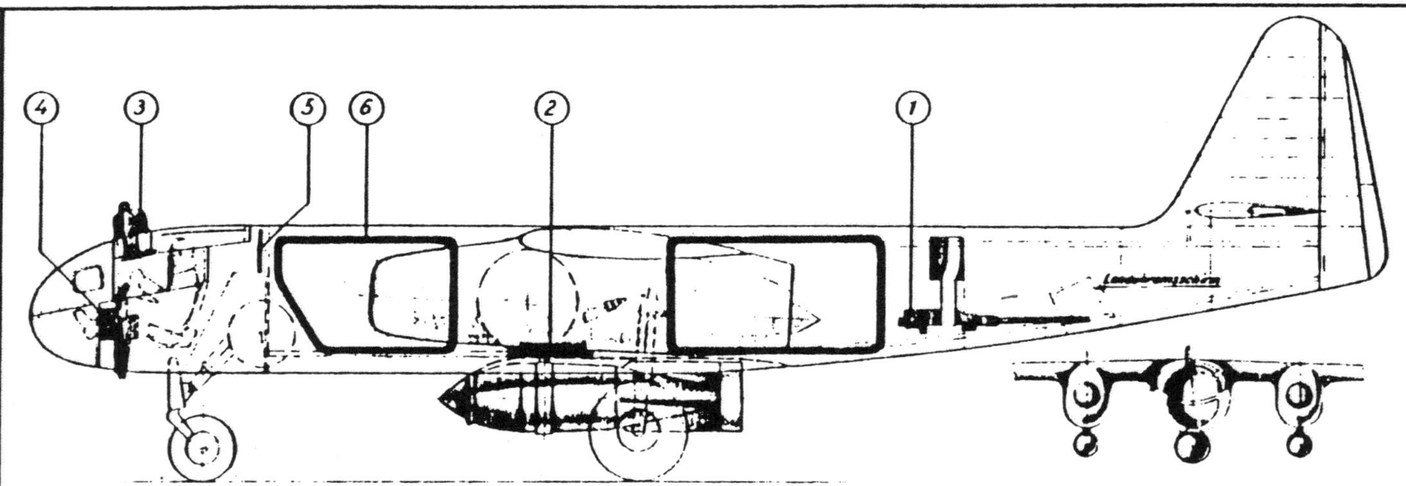

Pos.	1. Bewaffnung	Pos.	2. Abwurflasten	Pos.	3. Panzerschutz
1	Einbau von 2 MG 151 starr nach hinten mit 250 Schuß je Lauf ist rüstsatzmäßig vorgesehen.	2	1 Schloß 500 oder 2000 unter dem Rumpf, je 1 ETC 503 unter den Triebwerken (höchstzulässige Last je 500 kg) Normallast: 1000 kg Überlast bei verringertem Kraftst. 1500 kg Abwurflasten:	5	Panzerplatte
				6	Zusätzlicher Schutz durch SC-Behälter

Abwurflasten			
SC	250	PC	1400
SC	500	BT	700 +)
SD	500	BT	1400 +)
SC	1000	SC	500 RS +)
SD	1000		

Pos.	2. Abwurflasten
3	BZA 3 bzw. BZA 1-B mit Vor- und Rückblickperiskop.
4	Lotfe 7K

+) Für BT unter Rumpf und RS unter Rumpf und Triebwerk neue rüstsatzmäßige Aufhängevorrichtung erforderlich.

Entwurfsabteilung 20.11.1944 [illegible] Bl. 2

Seitenansicht der Ar 234 B-2 vom 20.11.1944.

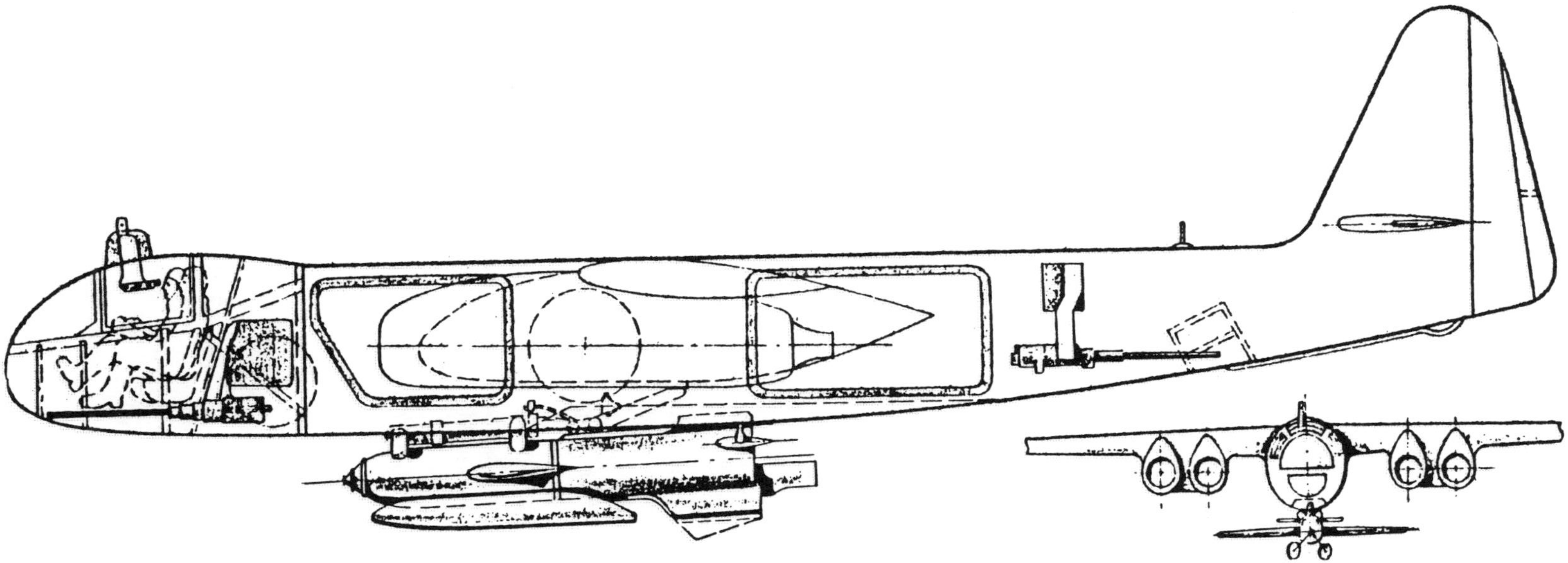

Zeichnung der zweisitzigen Ar 234 C-5 mit einer modifizierten Hs 293 V6 als Rumpflast. Ein erster Probeabwurf fand Mitte November 1944 von der WerkNr. 140110 aus statt.

Messerschmitt Me 262

Die Planung einer Schnellstbomberausführung der Me 262 begann bereits Anfang 1943. Eine erste Abwurfanlage wurde im April 1943 unter der Me 262 V 10 erprobt. Bis zum Spätjahr folgten drei Strahlbomberprojekte (SB I, Ia und II). Indessen liefen die praktischen Versuche mit der V 10 bis April 1944 weiter. Ab dem 10. Juni 1944 wurde in Rechlin das Noterprobungsprogramm für die Me 262 »Blitzbomber« aufgenommen. Vier Tage zuvor, am 6. Juni 1944, hatte die Invasion begonnen. In der Normadie waren erste Entscheidungen bereits gefallen, als am 20. Juni die Umschulung von Piloten der 3./KG 51 in Lechfeld begonnen hatte.

Die schnellen »Blitzbomber« unterschieden sich von der »Jägerausführung« der Me 262 durch die Bombenaufhängungen (»Wikingerschiffe«), den Einbau eines zusätzlichen Kraftstoffbehälter sowie kleinere zellenseitige Änderungen. Jedoch verhinderten Lieferschwierigkeiten die Ausbringung der strahlgetriebenen Jagdbomber erheblich. Zudem führten unsinnige Weisungen, etwa über dem Feindgebiet eine Mindestflughöhe von etwa 4000 m einzuhalten, zu einer recht unbefriedigten Trefferquote. Die meist geringe Zahl an »Blitzbombern« tat ihr übriges hinzu, daß es nur zu einzelnen Störangriffen kommen konnte.

Als das »Kommando Edelweiß« (auch EKdo 51 genannt) am 20. Juli 1944 in Chatéaudun eintraf, waren lediglich drei bis vier Me 262 einsatzklar.

Am 28. August 1944 flogen sieben »Blitzbomber« von Juvincourt aus vier Einsätzen gegen alliierte Truppenbereitstellungen, wobei meist Abwurfbehälter AB 500 mit einer SD 10-Füllung Verwendung fanden, von denen Ende August aber nur noch 20 zur Verfügung standen.

Der zügige alliierte Vormarsch zwang Ende August 1944 zu einer Rückverlegung nach Belgien sowie zwei Tage später nach Volkel-Eindhoven. Schon am 4. September 1944 wurde der Platz Ziel eines Luftangriffs der RAF, so daß sich das Kommando nach Rheine zurückziehen mußte. Von dort aus wurden Gebiete im Raum Lüttich angegriffen.

Ab Ende September wurden die Brücken bei Nymwegen sowie die Flugplätze Chiévres, Eindhoven, Nymwegen und Volkel mit SD 250-Sprengbomben und AB 250-Streubombenbehältern belegt. Bis Mitte November 1944 hatten die Piloten des KG 51 eine Zielgenauigkeit von etwa 100 m erreicht.

Am 20. November 1944 besaß die I./KG 51 insgesamt 28 Me 262, die II. Gruppe in Schwäbisch-Hall noch 15 »Blitzbomber«. Die III. Gruppe verfügte über bis zu 14 Me 262.

Am 16. Dezember 1944 begann die Ardennenoffensive, doch erst sechs (!) Tage später flogen zahlreiche Me 262 Tiefangriffe auf Ziele in den verschneiten Ardennen.

Die projektierten Ausführungen mit zweisitziger Kanzel (Me 262 A-2a/U2) und der serienmäßige Einbau der TSA-Anlage wurden wegen der Kriegslage lediglich als Versuchsmuster erprobt. Ebenso kam es nur zu Tests mit nachgeschleppten Abwurflasten.

Ende 1944 traten die Vorbereitungen zum Unternehmen »Bodenplatte« in ihre entscheidene Phase. Am frühen Morgen des 1. Januar 1945 flogen die »Blitzbomber« des KG 51 im Raum Brüssel, Arnheim-Eindhoven und Venlo sowie im Nordwesten mehrere Tiefangriffe.

Um den eigenen Rückzug zu decken, befahl das OKL am 13. Februar 1945, daß »der Schwerpunkt des Einsatzes der laufende Kampf mit Bomben und Bordwaffen am Tage durch die Strahlverbände und bei Nacht durch Nachtschlachtverbände im frontnahen Raum« sei. Der erste Strahlbomber-Angriff auf die Brücke von Remagen folgte am 7. März. Weitere schlossen sich an.

Am 30. März 1945 wurde vom »Generalbevollmächtigten des Führers für Strahlflugzeuge« General der Waffen-SS Dr. Kammler angeordnet, daß das KG 51 ab sofort dem IX. Fliegerkorps unter General Kammhuber unterstellt sei, und von nun an in der Reichsverteidigung eingesetzt werde. Kammhuber verfügte daraufhin, daß 2/3 der Me 262 des Geschwaders an das JG 7 sowie der Rest an das KG (Jagd) 54 zu überstellen waren. Wenig später wurde die Anordnung widerrufen. Auf Grund der Weisung Hitlers konnte die Me 262 weiterhin als Jagdbomber eingesetzt werden. Die Anfang April befohlene Abgabe von Maschinen an Jagdverbände sorgte jedoch dafür, daß der Ist-Bestand an Me 262 beim KG 51 stark absank. Ab Mitte April 1945 lief daher die Neuauffüllung des Verbandes an.

Neue Ziele ergaben sich anschließend im Raum Würzburg. Am 2. April wurde der Großteil der II./KG 51 auf dem Flugplatz Straßkirchen von Panzern der 7. US Armee erreicht. Die Mehrzahl der verbliebenen Me 262 A-1 und A-2 wurden an den Jagdverband JV 44 abgegeben.

Die Pläne für einen verbesserten Strahlbomber auf Basis der Me 262 konnten nicht mehr realisiert werden.

Die Me 262 »Blitzbomber« sollten zur Abwehr einer alliierten Invasion eingesetzt werden, kamen aber nur in geringer Stückzahl heraus.

Eine abgestellte Me 262 A-2a, deren Starrbewaffnung aus zwei MK 108 bestand. An Abwurflasten wurden zumeist SC 250, SC 500 oder AB 250 und AB 500 mitgeführt.

Ein taktischer Me 262 »Blitzbomber« der I./KG 51 im Frühjahr 1945.

Von den Alliierten in Faßberg erbeutete Me 262 der III./JG 7 und der I./KG 51, April 1945.

Eine Ende März 1945 in Frankfurt/Main stehengelassene Me 262 der I. Gruppe des KG 51.

Junkers Ju 287

Bei der Auslegung der Ju 287 wurde eine normale Bombenzuladung von 3000 kg bei einer Reichweite von rund 2000 km für Start ohne Hilfe und als Überlastfall 4000 kg über 1900 km mit Starthilfe zugrunde gelegt. Die Starthilfe bestand aus drei Wasag-Pulverraketen von 9,8 kN Schub über zwölf Sekunden Dauer. Damit ergab sich für die Serie mit einer Heckbewaffnung FHL 131/Z eine Flugmasse von etwa 28000 kg. Die Spannweite betrug 19,40 m bei einer Flügelfläche von 58,4 m². Um mit den Leistungen der damaligen Triebwerke auszukommen, wurden sechs BMW 003 A1 Turbinen zum Einbau vorgesehen. Auch die Montage von Jumo 004 B1 oder 004 C wäre sicherlich ohne größere Umbauten möglich gewesen.

Der Bescheid für den Bau und die Entwicklung der »fliegenden Attrappen« Ju 287 V 1 und V 2 erfolgte im März 1944.

Die Zelle der Ju 287 V 1 wurde aus dem Rumpf einer He 177 A-3 umgebaut, Rumpfende und Leitwerk stammten von der Ju 188 G-2, das feste Haupt- und Bugfahrwerk von dem amerikanischen Bomber »Liberator«. Je ein Jumo 004 B1 Triebwerk waren beiderseits des vorderen Rumpfes und zwei weitere unter der Tragfläche montiert. Der Erstflug der Ju 287 V 1 erfolgte am 16. August 1944. Die Ju 287 V 2 entsprach zellenseitig der V 1, jedoch war das Höhenleitwerk 0,30 m tiefer gelegt. Neben der beiden Jumo 004 Triebwerke am Rumpf besaß dieses Muster vier BMW 003 Turbinen in Zwillingsanordnung unter den Flächen. Der Umbau auf Drillingsanordnung unter Wegfall der am Rumpf angebrachten Turbinen war vorgesehen.

Bei der Ju 287 V 3 sollte die Zelle neu erstellt werden. Die Maschine war mit zwei BMW 003 A1 Triebwerken in Drillingsanordnung unter dem Tragwerk geplant. Aus dieser Maschine wurde die EF 131 abgeleitet, welche nach Kriegsende auf sowjetischen Befehl endmontiert wurden. Die EF 131 V 1 war im Sommer 1946 flugklar in Dessau und wurde im Herbst zerlegt und in die Nähe von Moskau überführt, wo ab Frühsommer 1947 die Flugerprobung stattfand.

Die Zelle und der Antrieb der Ju 287 V 4 hätten der V 3 entsprochen, ebenso die V 5, jedoch war hier der Einbau des FHL 131/Z Heckstandes vorgesehen. Mit einer Flugmasse von 22800 kg wären sie die Mustermaschinen für die serienmäßige A-1 Ausführung gewesen. Bei der B-1 Serie sollten zwei Jumo 004C Drilling Triebwerke zum Einbau kommen. Das Fluggewicht erhöhte sich dann auf 25200 kg. Sonst entsprach die Maschine jedoch der Ju 287 A-1.

Als sogenanntes Entwicklungsflugzeug (EF) brachte Junkers die EF 122 heraus, die als Studie für einen schweren Strahlbomber diente.

Ein Windkanalmodell einer von Junkers konstruierten Strahlbomberfläche mit zwei BMW 003-Strahlturbinen, wie er im werkseigenen Windkanal in Dessau untersucht wurde.

Von der Ju 287 entstanden zwei Versuchsmuster,die Ju 287 V1 und V2. Hier das Bugsegment des ersten Prototyps mit zwei Jumo 004 B-Turbinen.

Der Erstflug der Ju 287 erfolgte unter Führung Siegfried Holzbauers am 16.08.1944.

Modell der Serienausführung der Ju 287.

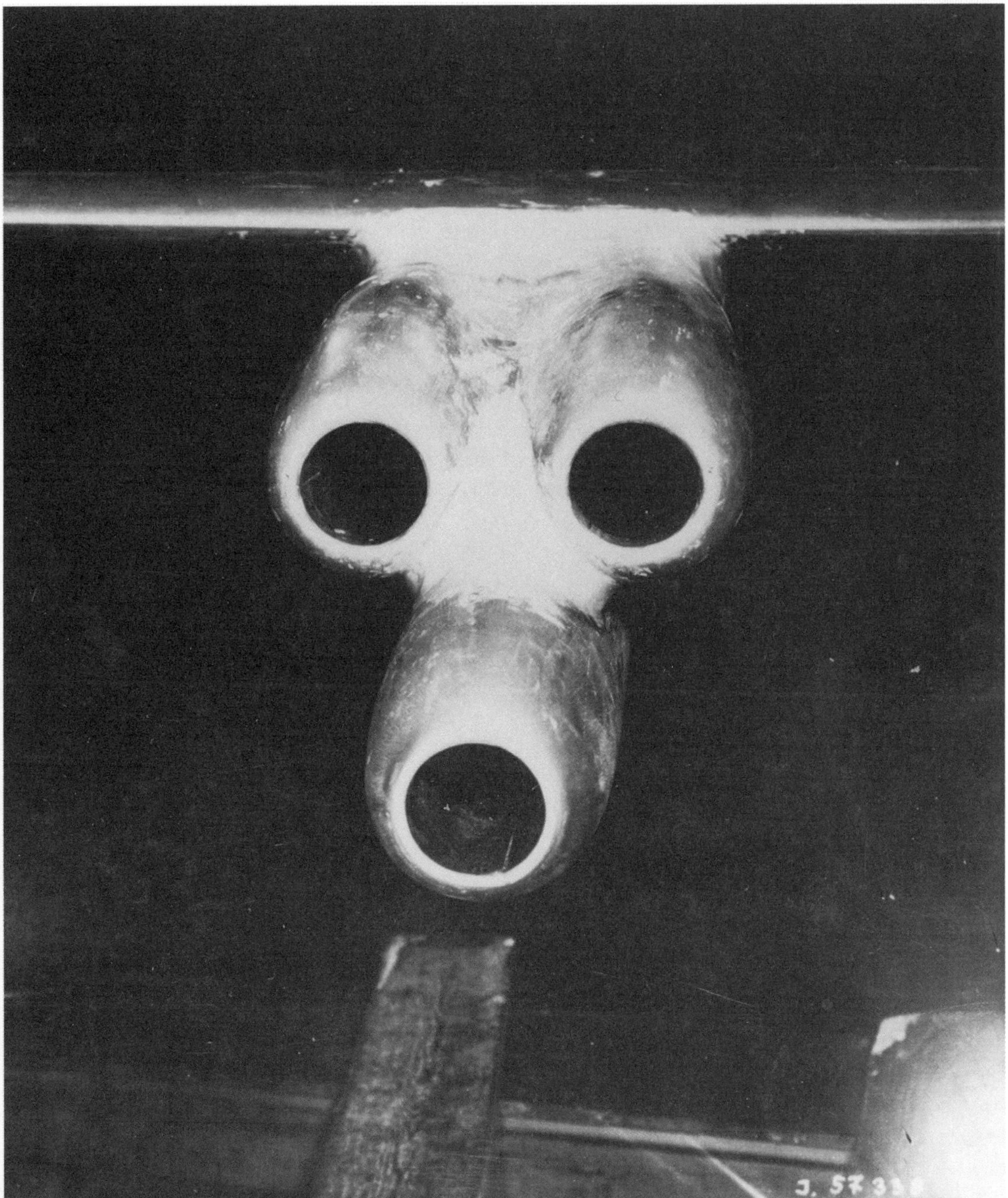

Windkanalmodell der Triebwerksanlage der Ju 287 V3. Mit einer ähnlichen, aber aus drei BMW 003 bestehenden Anlage wurde schließlich die Junkers EF 131 ausgerüstet und in der UdSSR erprobt.

Heinkel He 343

Aus den Erfahrungen mit dem Projekt P 1068 erarbeitete Heinkel den Entwurf He 343 auf Grund der Vorgabe vom Januar 1944 — unter Ablehnung an die Ar 234 — einen Strahlbomber zu konstruieren. Um möglichst rasche Serienreife zu erreichen, legte Heinkel die 1,5-fache Vergrößerung der Ar 234 zugrunde. Als Triebwerk wählte man vier Jumo 004C mit einem Standschub von 9,8 kN. Die Masse des Flugwerks betrug 5260 kg und lag damit um 1810 kg niedriger als beim Konkurenzentwurf der Ju 287.
Als Bombenlast wurde die Mitnahme von maximal 2000 kg gegenüber 3000 kg bei der Ju 287 geplant. Dabei konnte eine Reichweite von 1600 km erreicht werden. In den Leistungen entsprach die He 343 weitgehend der Ju 287, wobei aber weniger Material und nur vier Triebwerke notwendig waren. Durch ihre kleinere Abmessung lag für die He 343 auch der Verwendungszweck als Zerstörer und Aufklärer nahe.
Im Sommer 1944 erhielt Heinkel den Auftrag zum Bau von zwei Versuchsmustern. Sie sollten die Werknummer 850061 und 850062 tragen. Die geplanten weiteren 18 Erprobungsmuster, darunter eine Variante als Zerstörer, wurden gestrichen.

Die He 343 V 1 sollte der Flug- und Triebwerkserprobung dienen. Nach den Konstruktionsunterlagen vom 15. April 1944 hätte sie weder eine Abwurfanlage noch eine Doppelverglasung besessen; nur ein FuG 17 und die Luftversorgungsanlage mit Kühler in der Kanzel. Das Flugzeug sollte später für Bahnneigungsflüge mit katapultanlage umgerüstet werden.
Das zweite Versuchsmuster hätte der Erprobung der Waffen- und Funkausrüstung gedient. Dies umfaßte eine vollständige Funkanlage, Höhenflugtauglichkeit mit Doppelverglasung und Luftversorgungsanlage mit Kühler in der Flächennase sowie ein vereinfachtes Fahrwerk mit verkleinerter Spurweite. Zusätzlich wurde ein Bombenrüstsatz angefertigt und für die Umrüstung bereitgestellt. Außerdem sahen die Konstruktionsunterlagen noch eine Bruchzelle vor.
Zur Verwirklichung kam der vielversprechende Entwurf nicht. Es entstanden mehrere Windkanalmodelle und zwei 1:1 Attrappen. Die für die He 343 V 1 bis V 3 hergestellten Baugruppen wurden 1944 eingelagert.

Als mittleres Kampfflugzeug mit vier HeS 011-Strahlturbinen entwickelte Heinkel die He 343, von der im Sommer 1944 mehrere Versuchsmuster im Bau waren.

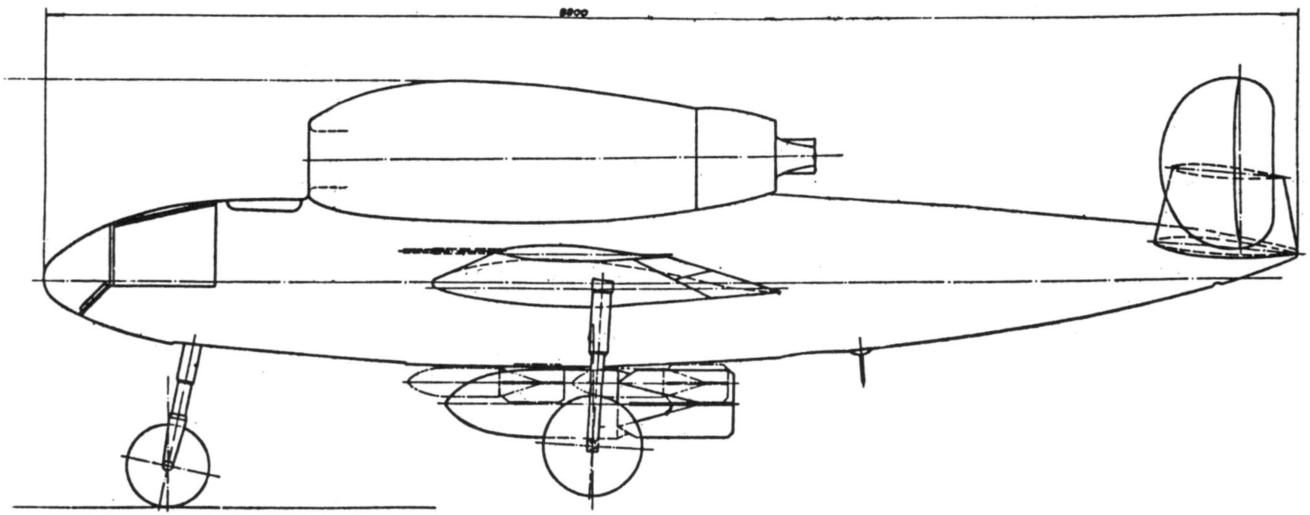

Основные данные с-та
Hs-132

№	Наименование	Размерность
1	Длина с-та в линии полета	8,8 м
2	Высота с-та с выпущ. шасси	2,93 м
3	Размах крыла	7,8 м
4	Площадь крыла	14,7 м²
5	Площадь элеронов	[illegible]
6	Площадь закрылков	[illegible]
7	Площадь горизонтальн. оперения	[illegible]
8	Площадь рулей высоты	[illegible]
9	Площадь вертикальн. оперения	[illegible]
10	Площадь рулей направления	[illegible]
11	Удлинение крыла	4,1
12	Полетный вес с-та (нормальн.)	3380 кг
13	Вес пустого с-та	2230 кг
14	Вес горючего	685 кг
15	Вес масла	18 кг
16	Вес бомб:	[illegible]
17	Весовая отдача	36,0 %
18	Вес воздушно-реактивного двигателя BMW-109-003-A1	570 кг
19	Тяга у земли	800 кг
20	Тяга на высоте 6000 м	440 кг
21	Полная нагрузка (нормальн.)	1271 кг
22	Нагрузка на 1 м² крыла	229 кг
23	Нагрузка на 1 кг тяги	4,37 кг
[illegible]	Максимальная скорость на 4000 м с бомбами	636 км/час
24	Максимальная скорость на 4000 м без бомб	783 км/час
26	Посадочная скорость	[illegible] км/час
27	Потолок практический с бомбами	7500 м
28	Потолок практический без бомб	8800 м
29	Время подъема на [illegible] с бомбами	19 м
30	Разбег	1288 м
31	Максимальная дальность с 80% веса на высоте 6000 м	830 км

На 3х листах
Лист № 1
Вид сбоку.

Фиг. I. Общий вид самолета Hs-I32 сбоку.

Als »Schneller Jagdbomber« sollte die Hs 132 in drei Varianten (entweder BMW 003-, Jumo 004- oder HeS 001-TL) hergestellt werden. Die Zeichnung entstand nach Erbeutung der Werksunterlagen in Berlin durch die Rote Armee.

Die taktischen Jagdbomber der Bundesluftwaffe und der Nationalen Volksarmee

Republic F-84F Thunderstreak

Die Thunderstreak stellte den ersten Jagdbomber der deutschen Luftwaffe nach dem Zweiten Weltkrieg dar. Eine Verwendung als Jäger war zwar möglich, die Maschine erwies sich allerdings als relativ schwerfällig.

Die Firma Republik Aviation gründete Major Alex de Sewerski, ein russischer Emigrant. Sein engster Mitarbeiter war Alex Kartweli. Beide konstruierten als bekanntestes Flugzeug dieser Firma während des Zweiten Weltkrieges die P-47 Thunderbolt.

Der Prototyp der F-84, die XP-84, besaß ein General Electric GE J35-GE-7 Axialverdichterturbine mit 16,66 kN Schub, zentralen Lufteinlaß am Bug und ungepfeilte Tragflächen mit Laminarprofil. Im Dezember 1945 brachte eine Boeing C-97 den Prototyp nach Lake Muroc, wo er am 28. Februar 1946 erstmals flog.

Wegen der ungepfeilten Tragflächen, welche in der F-84 A bis E und F-84 G Thunderjet Serie verwendet wurden, konnten die aerodynamischen Möglichkeiten des Rumpfes nicht genutzt werden.

Ab Mitte 1946 begann Republik die Möglichkeit gepfeilter Tragflächen für die F-84 zu untersuchen, um die Flugleistungen zu erhöhen. Der mit XF-84 F, teilweise auch als YF-96 A, bezeichnete Prototyp flog erstmals am 3. Juni 1950. Die Flächen waren um 38,5 Grad gepeilt. Ebenfalls war die Cockpithaube länger und flacher als bei der hierzu verwendeten F-84 E Serienmaschine, um die Aerodynamik zu verbessern. Die erwünschte Leistungserhöhung blieb aber aus. Sicherlich wäre der Entwurf aus finanziellen Gründen in der Versenkung verschwunden, hätte am 25. Juni nicht der Koreakrieg begonnen. Nun stand genug Geld zur Verfügung und die Erkenntnis, daß Krisenfälle einen Technologieschub erbringen, erfüllte sich erneut.

So erhielt Republik am 6. August 1950 den Auftrag zum Bau einer neuen Versuchsmaschine.

Eine völlige Überarbeitung zeigte auch, daß die Triebwerksleistung unzureichend war. Das verwendete Allison XJ35-A-25 mit 23,13 kN Schub wurde aus Mangel eines stärkeren amerikanischen Triebwerks durch das britische Armstrong Siddeley Saphire mit 32,05 kN Schub ersetzt. Später fertigte Curtiss-Wright das Triebwerk in Lizenz mit der Bezeichnung Wright J-65.

Am 14. Februar 1951 flog der erste Prototyp des Serienmusters der F-84 F. Im gleichen Jahr entstand auch eine Versuchsmaschine mit geschlossenem Rumpfbug und Lufteinläufen an der Flügelwurzel. Wegen der schlechten Flugleistungen verwarf man diese Version für die Jabo-Aufgaben. Sie bildete aber die Grundlage für den Aufklärer RF-84 F Thunderflash.

Die Auslieferung der Thunderstreak begann 1954, die Gesamtproduktion belief sich auf 2711 Einheiten, wovon die Hälfte im Rahmen des MDAP-Programms an die europäischen NATO-Luftstreitkräfte gingen.

Die Bundesluftwaffe erhielt 450 Jagdbomber der Baureihe F-84 F-66RE. Ein Teil der Flugzeuge hatte das J65-W-3 Triebwerk mit 32,09

kN, die anderen das J65-W-7 mit 33,81 kN. Das JaboG 31, 32 und 36 flog ausschließlich die Version mit dem stärkeren Triebwerk.
Die Waffenanlage umfaßte sechs 12,7 mm Browning M3 MG und als Außenlast bis zu vier 870 l Zusatztreibstofftanks oder zwei 1700 l Tanks. Stattdessen konnte auch eine Mk.6 Atombombe, diese taktische Atombombe stand in Friedenszeiten unter der Aufsicht der USA, mitgeführt werden oder bis zu 2700 kg freifallende Bomben und Napalmkanister. Alternativ waren maximal sechs Raketenwerfer mit 42 x 2,75 inch FFAR-Raketen »Mighty Mouse« beziehungsweise 12 x 5 inch HVAR-Raketen jeweils an vier Stationen unter den Tragflächen anzubringen.

Die Maschinen kamen mit Flugzeugträgern von USA zur Weserflug GmbH nach Bremen. Im Werk Lemwerder erfolgte die Entmottung und Überholung.
Am 24. September 1956 erhielt die WaSLw 30 die ersten drei F-84 F der Luftwaffe in Fürstenfeldbruck, als weiterer Verband das am 1. September 1957 ebenfalls in Büchel aufgestellte JaboG 31 die F-84 F.
Nach Einführung des Starfighters und der Fiat G 91 erfolgte bis 1966 die stetige Ausmusterung der F-84 F. Die Flugzeuge wurden teilweise eingemottet, später verschrottet oder an die Türkei und Griechenland verkauft, wo sie bis in die achtziger Jahre im Dienst standen.

Zur Erstausstattung der Bundesluftwaffe gehörte ab 1956 die F-84F »Thunderstreak«, ein strahlgetriebener Jagdbomber.

Eine F-84F des Jagdbombergeschwaders 32.

Die DF-314 war Teil des JaboG 36, das in Rheine-Hopsten aufgestellt wurde, von wo aus schon »Blitzbomber« operierten.

Fiat G-91

Die Entwicklung der Fiat G-91 ging auf den Vorschlag über die Gemeinschaftsentwicklung eines leichten Erdkampfflugzeuges während einer NATO-Tagung in Lissabon 1952 zurück. Die anschließend festgeschriebenen Forderungen nach einem taktischen Leichtbau-Jagdbomber (NATO Lightweight Strike Fighter) für die Bodentruppenunterstützung basierten auf Erfahrungen aus dem Koreakrieg. Die Maschine sollte in der Lage sein, von unbefestigten Plätzen zu operieren, deshalb Kurzstart- und Landeeigenschaften besitzen, eine Geschwindigkeit von 0,95 Mach erreichen und einen möglichst geringen Wartungsaufwand aufweisen.

Acht europäische Firmen beteiligten sich an der Ausschreibung. Am 3. Juni 1955 erhielt Fiat den Auftrag zum Bau von drei Prototypen und 27 Vorserienmaschinen.

Der erste Prototyp flog am 9. August 1956 mit einem Bristol Siddely »Orpheus« Mk 801 (Br.O. 1) Triebwerk auf dem Werksflugplatz in Turin-Caselle. Flatterprobleme veranlaßten eine genaue Untersuchung des Rumpfhecks im Windkanal mit anschließender konstruktiver Umgestaltung.

Der zweite Prototyp folgte im Juli 1957 mit dem stärkeren »Orpheus« Mk.803 Triebwerk, strukturellen Änderungen, vergrößertem Seitenruder, Stabilisierungsflosse unter dem Rumpfheck, geringfügig angehobener Cockpithaube und der aus vier 12,7 mm Maschinengewehren bestehenden Basisbewaffnung.

Die erste der 27 Vorserienmaschinen startete am 20. Februar 1958 zum Erstflug. Im Februar 1959 stellte die italienische Luftwaffe die G-91 in Dienst.

Von der Fiat G-91 wurden insgesamt etwa 690 Flugzeuge in Turin und Oberpfaffenhofen gefertigt.

Bei der Bundesluftwaffe flog die G-91 R 3, eine mit zwei 30 mm DEFA 552 Kanonen ausgerüstete R 1. Neben einigen allgemeinen Änderungen erhielt diese Version zwei zusätzliche Unterflügelstationen, Doppler-Radar, Positions- und Zielpeilgerät.

Insgesamt 50 Flugzeuge der Ausführung R 3 fertigte Fiat in Turin, 295 die deutschen Lizenznehmer.

Die G-91 R 4 besaß vier 12,7 mm Colt-Browning Maschinenwaffen und war für die Luftwaffen der Türkei und Griechenlands vorgesehen. Die erste dieser Maschinen stand am 6. September 1961 in Caselle zur Übergabe bereit. Die fünfzig dafür vorgesehenen Maschinen übernahm jedoch die Bundesluftwaffe und verkaufte 1965/66 vierzig Flugzeuge an Portugal.

Ein Lizenzabkommen zwischen Fiat und der in einer Arbeitsgemeinschaft zusammengeschlossenen Firmen Dornier, Heinkel und Messerschmitt wurde am 11. März 1959 unterzeichnet.

Am 20. Juli 1961 startete in Oberpfaffenhofen die erste von 294 in Lizenz gefertigten G-91 zum Jungfernflug. Sie trug die Kennung ED-101 und ging danach zur Erprobungsstelle der Luftwaffe. Im September 1960 konnte bereits die erste G-91 aus italienischer Fertigung an die Luftwaffe übergeben werden.

Die Firma Heinkel fertigte die Tragflächen, das Fahrwerk und das Seitenleitwerk, Messerschmitt Rumpfvorder- und -hinterteil, Dornier das Höhenleitwerk und das Rumpfmittelstück. Außerdem war Dornier für die Endmontage und das Einfliegen zuständig. Das »Orpheus« Mk. 803 Triebwerk kam originalverpackt von der Firma Bristol-Siddely.

Die letzte G-91 R 3 wurde am 26. Mai 1966 ausgeliefert.

Die Waffenschule 50 in Erding übernahm im November 1960 die Ausbildung der Fluglehrer für die G-91.

Als erster Einsatzverband erhielt das AG (AKG) 53 in Erding im Oktober 1961 die G-91.

Am 11. Februar 1982 verließen die letzten vier in einem Einsatzverband befindlichen G-91 der Luftwaffe ihren Heimathorst. Nach Ausscheiden aus dem aktiven Dienst wurden die G-91 zumeist verschrottet. Einige gingen als Zielschleppflugzeuge an die Firma Condor.

Das Arbeitspferd der leichten Kampfgeschwader der Bundesluftwaffe, die Fiat G 91.

Eine Fiat G 91 R-3 »Gina« des leKG 42 vor einem Übungseinsatz 1967 in Baumholder.

Die Starrbewaffnung der Fiat G 91 R-4 unterschied sich durch vier 12,7 mm Kanonen von der mit zwei DEFA-Kanonen ausgerüsteten R-3.

Dassault-Bréguet/Dornier Alpha Jet (TA-501)

Ende der sechziger Jahre fand sich im Verteidigungskonzept Frankreichs und Deutschlands die Forderung, einen Strahltrainer für die Umschulung und das Eingewöhnen der Flugzeugbesatzungen auf die europäischen Verhältnisse zu entwickeln, welcher gleichzeitig als taktisches Nahkampfflugzeug Verwendung finden sollte. Der Grund lag darin, daß die Schulflugzeuge der Bundesluftwaffe in den USA im Verteidigungsfall nicht für den europäischen Kriegsschauplatz zur Verfügung stehen würden. Außerdem bot sich die Möglichkeit, die Besatzungen der F-4 Phantom und dem zu erwartenden MRCA Tornado auf die klimatischen und geographischen Verhältnisse in Europa intensiv einzuweisen, ohne dabei zunächst auf dem teueren Kampfflugzeug zu schulen.

Die Firma Dassault-Bréguet und Dornier berechneten aus diesen Forderungen heraus unabhängig voneinander zwei Projekte, Bréguet 126 und Do P 375.

Nach einem Treffen zwischen General Maurin und Generalleutnant Steinhoff am 2. Juli 1968 in Pferdsfeld begann die Zusammenarbeit zwischen Frankreich und Deutschland bei der Ausarbeitung der gestellten Forderungen. Nach weiteren Verhandlungen einigten sich die Verteidigungsminister beider Länder im Juli 1969 auf eine Charakterisierung des Projektes in Form der militärischen Zielsetzung, Flugeigenschaften und Kosten. Diese Forderungen gaben sie in Form einer Ausschreibung an interessierte Firmen weiter und legten als Termin für die Vorlage der Wettbewerbsstudien bei den Luftwaffenführungsstäben den 1. Februar 1970 fest.

Im selben Jahr entschlossen sich die Firmen Dassault-Bréguet und Dornier nach umfangreichen Verhandlungen gemeinsam das in der Ausschreibung geforderte Mehrzweckflugzeug zu entwickeln. Es sollte die Bezeichnung TA-501 tragen. Daneben beteiligte sich auch die Firmengruppe MBB und SNIAS mit dem Eurotrainer E-650. Das Firmenkonsortium VFW/Fokker reichte eine Studie mit der Bezeichnung VF 291 nach.

Der Termin für die für Ende April vorgesehene Projektauswahl konnte nicht eingehalten werden, da bei den Führungsstäben beider Luftwaffen keine Übereinstimmung in der Wahl des Triebwerks vorlag. Frankreich forderte das schubschwächere Turbomeca SNECMA Larsac 02 Triebwerk, da es das Flugzeug nur für die Anfänger- und Fortgeschrittenenschulung und zur Waffenausbildung einsetzen wollte. Die deutschen Stäbe forderten aber das mit 13,13 kN Schub um 220 kp stärkere General-Electric J-85 Triebwerk, weil es die sicheren Starteigenschaften bei maximalem Abfluggewicht für den auch geplanten taktischen Einsatz garantierte. Schließlich einigte man sich auf eine Weiterentwicklung des morderneren Larsac 02 Triebwerk, der Version 04, unter der Maßgabe, daß dieses einen Mindestschub von 12,74 kN erzeugen müsse.

Am 15. Juli 1970 billigten die beiden Luftwaffenchefs, General Gauthier und Generalleutnant Steinhoff, die endgültigen militärischen Anforderungen an das neue Triebwerk. Am 23. Juli 1970 ratifizierten beide Regierungen das Abkommen über die Definitionsphase des Projektes. Gleichzeitig ging die Firmengruppe Dassault-Bréguet/Dornier als Sieger der Ausschreibung hervor.

Die Vorlage des Definitionsberichtes erfolgte am 15. Februar 1971. Er diente als Grundlage für einen Regierungsvertrag. Wegen der unterschiedlichen Verwendung des Alpha Jet verzögerte sich der Vertragsabschluß bis zum 16. März 1972. Im Abkommen wurde festgelegt, den Alpha Jet in zwei Versionen zu entwickeln und zu bauen, für die Armée de l'Air als zweisitziges Schulflugzeug und für die Bundesluftwaffe als zweisitziges Luftnahunterstützungsflugzeug. Als Generalunternehmer wurden die Firma Avions Marcel Dassault/Bréguet und als Mitauftragnehmer die Firma Dornier GmbH ausgewählt.

Am 25. Mai 1972 begann die Entwicklungsphase. Weil auf eigenes Firmenrisiko, ohne offizielle Entscheidungen abzuwarten, zahlreiche Aufgaben bereits gelöst waren, konnte bereits im Mai 1973 der erste Prototyp bei Dassault-Bréguet in Istres fertiggestellt werden.

Der erste Prototyp startete unter Testpilot Jean-Marie Saget in Istres bei Marseille zum Jungfernflug, während sich die nächsten drei Maschinen unter Pilot Dieter Thomas, P.02 und P.04 in Oberpfaffenhofen und die P.03 in Istres, zum ersten Mal in die Luft erhoben. Der dritte Prototyp, die Luftnahunterstützer (LNU)-Version für die Bundesluftwaffe unterschied sich vom P.04, dem Ausgangsmuster für die französische Schulversion, durch ein steuerbares Bugrad, Fanghaken, Rumpfgondelwaffe und einer IWKA-Mauserkanone mit Kaliber 27 mm.

Am 5. November 1974 zeigte sich die P.03 im neuen Tarnanstrich und Luftwaffenkennzeichen der Öffentlichkeit. Da die Erprobung erfolgreich verlief, unterzeichnete die Bundesregierung am 28. Oktober 1974 das Abkommen über die Serienvorbereitungsphase. Am 30. Mai 1975 wurde der Industrievertrag für die Serienvorbereitung unterzeichnet, und am 15. Juni 1975 gaben die zuständigen Ausschüsse des Deutschen Bundestages ihre Zustimmung zum Beschaffungsvorhaben. Dabei wurde der Gesamtpreis inklusive der Infrastruktur für das neue Waffensystem auf 2,891 Milliarden Mark für 175 Flugzeuge festgelegt. Dieser Preis konnte nicht ganz eingehalten werden. Nach Abschluß der Fertigung im Januar 1983 betrug er 3,3553 Milliarden Mark.

Bei Dassault-Bréguet in Toulouse sollten der vordere und mittlere Rumpfteil gebaut und die Ausbildungsversion endmontiert werden, während Dornier den hinteren Rumpf in München-Neuaubing, das Heck mit Leitwerk und die Tragflächen herstellte und die Produktion der Jabo-Version in Oberpfaffenhofen übernahm. Die Konstruktion und Produktion der Triebwerke teilten sich die Firmen Turboméca/SNECMA sowie MTU/KHD.

Die Firma SABCA+Fairey in Belgien beteiligte sich bei der Serienfertigung einiger Baugruppen wie der Bugsektion und der Landeklappen. Außerdem wurden alle belgischen Maschinen bei SABCA in Gosselies zusammengebaut.

Am 30. September 1975 erfolgten die Schlußzeichnung der Regierungsvereinbarung über die Serienfertigung des Alpha Jet und am 16. Januar 1976 die Unterzeichnung der Serienverträge über die ersten 140 Maschinen und 420 Triebwerke. Die Teilproduktion begann bei Dornier im Herbst des gleichen Jahres.

Im Februar 1976 wurden Kälteversuche mit dem Prototyp 03 und im Mai 1976 Start- und Landeversuche auf Graspisten und einer wasserüberfluteten Startbahn durchgeführt.

Im Herbst 1977 konnte das erste Serienflugzeug, eine Trainer-Version, durch Dassault-Bréguet fertiggestellt werden und startete am 4. November 1977 zum Erstflug. Am 12. April 1978 schloß sich der Jungfernflug der ersten Maschine der LNU-Version an.

Im Mai 1979 rüstete als erster französischer Verband die Ausbildungsgruppe 314 der Jagdfliegerschule in Tours auf den Alpha Jet um.

Im Februar 1979 begannen die Truppenversuche mit schließlich 20 Alpha-Jet in Leipheim bei der 1./Technischen Gruppe 31. Am 7. November des gleichen Jahres, entschloß sich der Führungsstab der Luftwaffe für den Umrüstungsbeginn. Die ersten vier Flugzeuge wurden am 8. Januar 1980 dem JaboG 49 in Fürstenfeldbruck, der früheren Waffenschule 50, überstellt und am 20. März 1980 offiziell als erstes Geschwader mit dem neuen Waffensystem in Dienst gestellt. Die Hauptaufgabe des Verbandes bestand darin, als Lehr- und Versuchsgeschwader die fliegerische Ausbildung der Piloten und die Schulung der Kampfbeobachter auf das Waffensystem zu übernehmen.

Zwei Monate später begann auch die Umrüstung beim deutschen Übungskommando in Beja/Portugal, in dessen Bereich das Tiefflug- und Waffentraining stattfand. Dort wurden 18 Alpha Jet stationiert, welche im Konfliktfall nach Leipheim zurückkehren und das JaboG 44 bilden sollten. Im Februar und Juni 1981 folgte die Umrüstung der Jabo G 43 in Oldenburg und des JaboG 41 in Husum nach. Jeder dieser Verbände übernahm insgesamt 51 Alpha Jet. Die Erprobungsstelle 61

in Manching erhielt gleichzeitig zwei Maschinen.
Zwei Jahre später, am 26. Januar 1983 stellte Dornier die Serienfertigung der LNU-Version ein.
Bis heute führt die Luftwaffe mit dem Alpha Jet die Regenerationsausbildung der Kampfbesatzungen sowie die taktische Grundausbildung für die Tornado-Besatzungen durch.
Die Einsatzaufgabe des Alpha Jet liegt in der Bekämpfung feindlicher Landstreitkräfte auf dem Gefechtsfeld im Rahmen von Battlefield Air Interdiction oder von Close Air Support Operationen. Bis in die Mitte der neunziger Jahre wird sich die Aufgabe in der Hinsicht ändern, daß nicht mehr der autonome Einsatz im Vordergrund steht, sondern die direkte oder indirekte Kombination mit anderen Systemen oder Operationen als sogenannte Luftangriffspakete (Force Packages). Insbesondere soll die Nutzung bereits erfolgter Unterdrückung gegnerischer Verbände durch Waffenwirkung oder elektronische Maßnahmen (Suppression of Enemy Air Defence — SEAD) erfolgreiche Angriffe ermöglichen. Autonome Einsätze finden dann nur noch im Bereich der Luftnahunterstützung der eigenen Truppenteile oder bei der Bekämpfung durchgebrochener Feindverbände statt. Für diese Aufgaben gilt der Alpha Jet als bis in das Jahr 2000 durchaus geeignet. Moderne Waffen, wie die Vertikalbordwaffe (VBW) steigern zudem die Leistungsfähigkeit des Alpha Jet. Mit dieser Waffe, sie wurde in den achtziger Jahren auf Initiative von MBB entwickelt und befand sich Ende 1986 beim Alpha Jet in Erprobung, sollen gepanzerte Verbände bekämpft werden. Ein Multi-Sensor mit Infrarot-Zielabtaster (IRLS) und Laser-Höhenmesser (LHM) tastet einen etwa 30 m breiten Geländestreifen vor und beiderseits des Flugweges ab. An Hand der Geometrie, Wärmeabstrahlung und durch Änderung des Magnetfeldes können gepanzerte Ziele eindeutig erkannt, und die Waffe kann beim Überfliegen ausgelöst werden. Die nach rückwärts ausgestossenen Hohlladungsgeschosse durchschlagen das Ziel von oben.
Im Kampf gegen feindliche Luftstreitkräfte konzentriert sich der Angriff auf ungeschützte Luftfahrzeuge, vornehmlich Hubschrauber, und nahgelegene vorgeschobene Einsatzflugplätze.
Als Abwurfwaffen verfügte der Alpha Jet in der Standardausrüstung über vier Streubomben Hunting Mk.82 BL755 Matra. Diese sind an den inneren Unterflügelstationen angeordnet. Bereits 1984 verfügte die Luftwaffe über fernsehgelenkte Luft-Boden-Raketen Hughes AGM-65B Maverick. Diesen soll die Infrarotgesteuerte AGM-65D folgen, welche ihr Ziel selbständig findet. Desweitern können ungelenkte Boden-Luft-Raketen des Typs FFAR 2,75 inch verwendet werden. Außerdem sollen die Abschußschienen für die Sidewinder AIM-9L AAM (Air-to-Air Missles) vom Bodenseewerk-Gerätetechnik, speziell zur Hubschrauberbekämpfung, an den Flächenenden montiert werden. Gleichzeitig läßt sich damit auch deren Nachfolger, die AIM-132 ASRAAM (Advanced Short-Range Air-to-Air Missles), verwenden. Insgesamt ist eine Waffenzuladung von 2500 kg möglich.
Diese Hubschrauberbekämpfung simulierte man bereits 1979 erfolgreich in Luftkämpfen mit einem CH-53, der die Rolle der sowjetischen Mil Mi-24 Hind übernahm.
Der Alpha Jet wurde bereits zweimal modernisiert. So erhielt er 1981 ein Laser-Doppler-Navigationssystem und eine Enteisungsanlage am Triebwerkslufteinlauf. Im Jahre 1985 folgte ein 120 Punkte umfassendes Verbesserungsprogramm. Unter anderem kamen Düppel- und Täuschkörperwerfer in der Heckspitze, sie diente bis dahin zur Unterbringung des Pilotengepäcks, sowie das Elektronica ECM-System ACE2000 zum Einbau. Zwei Jahre später wurde ein leistungsstärkeres Larsac 04-C6 Triebwerk eingebaut. In den neunziger Jahren soll eine neue Navigations- und Waffenleitanlage Nacht- und Allwetter-Einsätze ermöglichen und die AHRS verbessert werden. Dazu kommen ein Head-up Display, Laserzielsuchgerät und ein verbessertes ECM-System.
Ob diese Kampfwertsteigerungsmaßnahmen alle durchgeführt werden ist fraglich. Vermutlich kommt es zu einer Bevorzugung des Tornados.

Als Nachfolger der Fiat G 91 wurde der Dessault/Dornier »Alpha Jet« bei den Jagdbombergeschwadern eingeführt.

Zum JaboG 43 gehört dieser »Alpha Jet«.

Der Bekämpfung von Bodenzielen diente die im Rahmen einer Kampfwertsteigerungs-Maßnahme getestete frühe Ausführung einer Vertikalbordwaffe (VBW).

Lockheed (Fiat, Fokker, Messerschmitt, MBB, SABACA) F-104 G Starfighter

Der Starfighter stellte zwanzig Jahre das Rückgrat der fliegenden Verbände der Bundeswehr, aber auch zahlreicher NATO-Partner dar. Trotz seiner anfänglich hohen Unfallrate, 13,9 Unfälle (pro 10000 Flugstunden) im Jahre 1962, über 28 Unfälle 1965 und bis 4,02 im Jahre 1966, galt der Starfighter als eine überlegene Kampfwaffe für die Abfangjagd ebenso wie als Aufklärer und Jagdbomber.

Die Entwicklung des Starfighters entstand aus der Forderung der USAF nach einem überlegenen Tagjäger mit möglichst geringem Leergewicht. Auch die Lockheed Aircraft Corporation in Burbank/Kalifornien unter Leitung der von Clarence L. (»Kelly«) Johnson stehenden Arbeitgruppe nahm sich im Jahr 1950 der Aufgabe an. Unter mehreren, teils sehr verschiedenen Entwürfen kristallisierte sich das Modell CL-246 heraus. Bis Dezember 1952 wurde dieses mehrmals überarbeitet und besaß schließlich eine Spannweite von 6,62 m und neue Lufteinläufe. Außerdem besaß das Modell wieder eine plane Frontscheibe, was das Zielen mit einer starren Bordwaffe erleichterte. Auch das gewünschte Leergewicht von 5430 kg konnte erreicht werden. Nach weiteren Tests im Windkanal und diversen Änderungen erhielt Lockheed im März 1953 den Auftrag zum Bau von zwei Prototypen mit der Bezeichnung XF-104. Der Mitteldecker mit einem Doppeltrapezflügel von 6,55 m Spannweite und einer negativen V-Stellung von 10 Grad wurde Anfang 1954 nach Edwards AFB überführt und nahm mit ersten Rollversuchen die Mustererprobung auf. Am 28. März 1954 startete die erste XF-104 unter Testpilot A.W. Tony Levier zum Jungfernflug. Die Maschine verfügte zu diesem Zeitpunkt über ein Wright XJ65-W-6 Triebwerk mit Nachbrenner, das einem Schub von 46,55 kN lieferte. Der zweite Prototyp ging am 14. April 1955 verloren.

Im Oktober 1955 gab die USAF den Auftrag für den Bau von siebzehn Vorserienflugzeugen YF-104 A für Truppenversuche. Diese Flugzeuge verfügten bereits über das schubstärkere General Electric J79-GE-3A Triebwerk. Außerdem wurde der Rumpf auf 16,69 m verlängert, eine vertikale Stabilisierungsflosse unter dem Rumpfheck sowie ein Grenzschicht-Beeinflussungssystem zur Auftriebserhöhung installiert. Das Bugfahrwerk fuhr nach vorn ein, und die seitlichen Lufteinlässe erhielten Diffusorkegel für optimale Strömungsverhältnisse.

Diesen Maschinen schloß sich die Serienfertigung der F-104 A in Burbank an. Am 17. Februar 1956 flog der neue Abfangjäger (mit begrenzter All-Wettertauglichkeit) zum ersten Mal. Nach anfänglichen Problemen mit dem Triebwerk, was zu einigen Abstürzen geführt hatte, erhielten die F-104 A das verbesserte J79-GE-3B Triebwerk.

Der zweisitzigen F-104 B als Schulflugzeug für das ADC und später der Air National Guard folgte die F-104 C als Tagjäger und Langstreckenjabo für das Tactical Air Command (TAC). Das Startgewicht stieg inzwischen auf 12500 kg. Die Höchstgeschwindigkeit betrug Mach 2,3. Mitte Juli 1958 flog die erste F-104 C in Palmdale/Kalifornien.

Als Schulflugzeug für das TAC leitete Lockheed 1957 die zweisitzige F-104 D von der C-Serie ab.

Bei der Auswahl eines neuen Strahlflugzeuges spielte die Bundesrepublik Deutschland die Hauptrolle, sie hatte den größten Bedarf und konnte so auch ein speziell auf ihre Anforderungen ausgelegtes Flugzeug verlangen, und einige Verbündete folgten den deutschen Vorschlägen. Außer der amerikanischen Gruman F11F-1F »Super Tiger« standen auch die BAC »Lightning« und die Dassault »Mirage III« zur Auswahl. Die Bundesregierung entschloß sich jedoch für eine verbesserte und leistungsgesteigerte Version des amerikanischen Abfangjägers F-104, da die Flugergebnisse der F-104 A bis D nicht überzeugt hatten. Lockheed begann daher eine neue Se-

rie, die F-104 G, kurzfristig auch als Super Starfighter bezeichnet, zu entwickeln.
Die G-Version erhielt eine verstärkte Zelle, wodurch sich das Leergewicht um 120 kg erhöhte. Der Einbau von moderner Elektronik brachte eine Rüstgewichtssteigerung um weitere 315 kg. Der Rumpfpylon wurde für Lasten bis 900 kg verstärkt. Hinter den Bugradklappen befanden sich nun zwei weitere Aufhängepunkte für je eine AIM 9 Sidewinder Luft-Luft-Rakete, zwei dieser Waffen oder je ein 645 l Zusatztank ließen sich zusätzlich an den Flügelspitzen mitführen. Desweiteren verfügte der Starfighter über eine sechsläufige T-171 D M61 »Vulkan« Maschinenkanone vom Kaliber 20 mm.
Der Führungsstab der Luftwaffe entschloß sich im November 1958 für die Beschaffung des Starfighter. Am 18. März 1959 genehmigte der Bundestag — auch mit den Stimmen der Opposition — den Vertrag für die Lizenzherstellung der F-104 G.
In Deutschland wurde die Produktion auf die Arbeitsgemeinschaft (ArGe) 104 aufgeteilt. Die ArGe Süd bestand aus den Firmen Heinkel, Siebel ATG, Dornier und Messerschmitt; die ArGe 104 Nord aus den Firmen Focke-Wulf, Weser Flugzeugbau, Hamburger Flugzeugbau, Fokker und Aviolanda. Für die ArGe Süd galt Messerschmitt in Manching als Endmontagewerk, für die ArGe Nord Fokker in Schiphol/Niederlande.
Die Firma BMW in München-Allach beteiligte sich neben Fiat, Alfa-Romeo und Fabriqué National d'Armes de Guerre (FN) in Herstal an der Lizenz-Herstellung des General Electric J79-11A Triebwerks.
Die Gesamtkosten der Entwicklung und Produktion des Starfighters beliefen sich für die europäischen Partner auf sechs Milliarden Mark.
Am 5. Oktober 1960 flog die erste, noch bei Lockheed für die Luftwaffe gebaute F-104 G. Die WS 10 erhielt am 22. Juli 1960 als erster Luftwaffenverband die F 104 F und konnte so mit der Pilotenschulung beginnen. Die erste F-104 G ging ab März 1961 zunächst zum JaboG 31 und ersetzte kontinuierlich die wesentlich langsameren F-84 F. Am 20. Juli 1962 meldete sich das Geschwader mit 52 F-104 G einsatzklar. Es folgten die JaboG 32, 33, 34 und 36 mit der F-104 G, sowie die AG 51 und 52, welche mit der Aufklärerversion RF-104 G ausgestattet wurden. Die JG 71 und JG 74 erhielten ebenso die F-104 G. Für die Anti-Schiffsbekämpfung und Aufklärereinsätze umgerüstete Maschinen (F-104 G) gingen an das MFG 1 und MFG 2, bis auf die 1./MFG 2, welche mit der RF-104 G ausgerüstet wurden.
Lockheed fertigte für die Bundesluftwaffe und -marine 30 F-104 F, 96 F-104 G, und alle TF-104 G. Insgesamt wurden 916 Maschinen aller Versionen der Bundeswehr übergeben. Die letzten 50 Maschinen, von MBB gebaut, besaßen ein verbessertes und bei MTU 1971 bis 1973 in Lizenz gebautes J79-MTU-J1K Triebwerk mit 70,75 kN Schub. Diese Turbine zeichnete sich besonders durch eine höhere Zuverlässigkeit und eine bessere Wirtschaftlichkeit aus.
Bewaffnet war die Jägerversion der F-104 G mit der AIM 9B »Sidewinder«, welche infrarot gelenkt war und nur eine Reichweite von 3,2 km hatte. Radargelenkte Air-to-Air Missiles wie die AIM 2 »Sparrow« konnten nicht eingesetzt werden.
Die Jabo-Version unterschied sich technisch nicht von der Jägerversion. Zur Bekämpfung taktischer Ziele trug sie lediglich eine andere Waffenzuladung. Diese konnte wahlweise aus einer amerikanischen B43 Atombombe mit 1 Megatonne Sprengkraft oder konventionellen Mk 82 Bomben mit 227 kg oder die Mk 83 mit 454 kg Gewicht bestehen. Wahlweise konnten bis zu vier LAU-51A Raketenbehälter (mit je 49 Raketen Kaliber 70 mm) und eine Aérospatiale AS 20 (Nord 5103) oder aber die leistungsgesteigerten AS 30 (Nord 5401) Luft-Boden Raketen unter jeder Flügelaufhängung mitgeführt werden.
Die F-104 G der Marineflieger wurden ab 1973 mit dem von Bölkow und Nord Aviation als Unterauftragnehmer seit 1964 entwickelten Luft-See-Waffensystem MBB Kormoran 1 ausgerüstet.
Die letzten »Starfighter« wurden im Oktober 1987 beim JaboG 34 und im Februar 1991 in Manching (26+60) ausgemustert. Die bei der WTD 61 eingesetzten Maschinen dienten zu-

letzt der Flugzieldarstellung für Schiffe der Bundesmarine zur Vermessung der Bordradaranlagen.

Ein Jagdbomber des Typs F-104G des JaboG 33, der dort die F-84F abgelöst hatte.

Für einen Übungseinsatz ausgerüstete F-104G des JaboG 31 »Boelke« mit Abwurftanks.

Auf dem Memminger Berg wird diese F-104G des JaboG 34 mit vier Mehrzweck-Bomben bestückt.

F-4 F Phantom

Die amerikanische Marine forderte Mitte der fünfziger Jahre die Entwicklung eines zweisitzigen — mit Raketenbewaffnung ausgerüsteten — Langstrecken-Höhenabfangjägers. Der Entwurf von McDonnell bekam im Juli 1956 die Bezeichnung F4 H-1. Am 27. Mai 1958 startete der erste Prototyp, die XF4 H-1, unter Cheftestpilot Bob Little zum Jungfernflug. Als Serienmuster verließ ab Sommer 1961 die F4 H-1F die Endmontage in St. Louis. Bis 1966 baute McDonell 649 Maschinen dieser Version. Ab 1962 änderte sich die Bezeichnung in F-4 A und F-4 B, je nach eingebautem Triebwerkstyp.

Aus dem Standard-All-Wetterjäger F-4B entstand die F-4C. Am 27. Mai 1963 flog das erste Flugzeug dieser Typenreihe.

Aus der F-4C entstand ein weiterer Aufklärer mit verlängertem Rumpfbug, die RF-4C. Aus dieser Serie entwickelte man die RF-4 E, welche noch als Aufklärer bei der Bundesluftwaffe im Dienst steht.

Aus der D-Serie folgte die F-4E, welche ihren Erstflug am 30. Juni 1967 absolvierte. Aus ihr leitete sich die für die Bundesluftwaffe entworfene F-4F ab.

Inzwischen hatte die Bundesluftwaffe den Einsatz eines Teils der G-91 und F-104 G Bestandes durch ein modernes Kampfflugzeug gefordert, insbesondere in der Voraussicht, daß der Alpha Jet und Tornado damals noch einige Jahre bis zur Einsatzreife benötigen würde, aber auch, um der Änderung des strategischen Konzepts der NATO (Übergang von der »Massive Retaliation« zur »Flexible Response«) im Jahr 1967 zu entsprechen. Im Juni 1971 gab der Bundestag für die Beschaffung von 175 F-4F (zum Gesamtpreis von 3,9 Mrd. DM) seine Zustimmung.

Die F-4F ist als Abfang- und Luftüberlegenheitsjäger konzipiert, kann aber auch als Jagdbomber mit großer Eindringtiefe verwendet werden. Die fünf Außenstationen erlauben es, eine Waffenlast von 7260 kg mitzuführen. Als Standardbewaffnung besitzt die Maschine vier infrarotgesteuerte AIM-9 Sidewinder und eine Vulcan-Kanone mit 690 Schuß, welche in einer langgestreckten Verkleidung an der Unterseite des Rumpfvorderteils untergebracht ist. Die F-4F ist nicht All-Wetter- und Nachtkampftauglich. Die Flugleistungen der F-4 F konnten gegenüber dem direkten Vorgänger, der E-Version, deutlich gesteigert werden.

Die F-4 F verfügt über zwei J79-GE-17A Triebwerke mit Nachbrenner, welche einen Höchstschub von 79,38 kN erzeugen und bei MTU in Lizenz gefertigt wurden.

Die erste speziell für die Bundeswehr entworfene Maschine konnte ihren Erstflug am 18. März 1973 absolvieren. Am 24. Mai des gleichen Jahres übergab McDonnell in St. Louis die erste F-4 F (37 + 01) der Luftwaffe.

Die ersten beiden Phantom II trafen am 5. September 1973 nach einen Non-Stop-Flug mit Luftbetankung über den Atlantik beim JG 71 in Wittmundhafen als »Vorablieferung« zu Ausbildungszwecken des technischen Personals durch die TSLw 1 ein.

Als zweites Geschwader nahm das JG 74 in Neuburg/Donau am 1. Oktober 1974 den Flugbetrieb mit der F-4 F auf. Gleichzeitig wurde der F-104 Simulator durch den einer F-4 F ersetzt. Einsatzklar mit der Phantom meldete sich das Geschwader im Mai 1976.

Im April 1975 erhielten das JaboG 35 in Pferdfeld und JaboG 36 in Hopsten die »Phantom«. Die letzte F-4F wurde am 21. Juni 1976 in Jever mit der Kennung 38 + 75 »Spirit of Cooperation« dem JaboG 35 übergeben.

Bereits 1976 begannen die Planungen für eine Kampfwertsteigerung (KWS) der F-4 F im Rahmen des »Peace Rhine« Programms, womit MBB beauftragt wurde. Dazu erhielt die F-4 F einen digitalen Waffenrechner in das Waffensystem integriert, die Möglichkeit zur Verwendung modernerer Flugkörper, einschließlich der beim Bodenseewerk in Lizenz gefertigte AIM-9L Sidewinder, Luft-Bodenflugkörper Hughes AGM-65B Marverick, sowie lasergelenkte Bomben, wurde geschaffen. MBB konnte im November 1980 dem JG 74 die erste modernisierte Maschine übergeben.

Bis 1984 war dieser Modernisierungsschritt beendet.
Die Luftwaffe entschloß sich Anfang der achtziger Jahre zu einer weiteren, umfassenden Kampfwertsteigerung, um die Einsatzaufgaben der Phantom II bis über die Jahrtausendwende erhalten zu können. Außerdem sollte die Phantom II dadurch zur Trägerplattform der AMRAAM-ASRAAM-Lenkflugkörper werden und die Zeit bis zur Einführung des Jäger 90 überbrücken.
Nach Abschluß der Konzept- und Definitionsphase für die kampfwert- und leistungssteigernden Maßnahmen bekam MBB als Generalunternehmen im Juni 1986 den Auftrag der Bundeswehr drei Prototypen einer F-4 F-KWS umzurüsten.
Das Kampfwertsteigerungsprogramm sollte zwei Pakete umfassen. Zunächst die Verbesserung der Navigations- und Waffenavionik aller F-4 F und die Integration eines neuen Radargerätes sowie des allwetterfähigen Lenkflugkörpers AMRAAM. Es wurde festgelegt, daß zunächst 40 Jagdbomber und dann 110 Jagdflugzeuge zur Modernisierung anstehen.
Nach Genehmigung der taktischen Forderung erfolgte Ende 1984 die Billigung der militärisch-technischen Zielsetzung. Im Jahr 1985 trat man in die Definitionsphase ein; die Entwicklungsphase begann 1986.
Die Modernisierung wird in zwei Schritten ablaufen. In der ersten Phase erhalten alle F-4 F ein digitales Datenbussystem. Desweiteren kommt das Ring-Laser-Kreisel-Trägheitsnavigationssystem H423 von Honeywell und der digitale Luftwerterechner CPU-143/A von GEC Marconi zum Einbau. Ab März 1990 begann man im Rahmen der Änderungsüberholung die Umrüstung zu gleichen Teilen bei MBB in Manching und bei der Luftwaffenwerft 62 in Jever.
Als weitere KWS ist die Installation der Vertikalbordwaffe (VBW) geplant. Testflüge mit der VBW begannen im April 1987 im Flugerprobungszentrum der MBB in Manching mit einer F-4 F.
Ab 1991 sollte die zweite Stufe der Kampfwertsteigerungsmaßnahmen greifen. Diese verzögert sich jedoch durch Probleme mit der Software-Entwicklung in der USA. Wichtigster Punkt des Programms, außer der Integration des LITEF-Missionscomputers, wird der Austausch des vorhandenen Westinghouse AN/APQ 120 Waffenleitradars durch das digitale Mehrbetriebsarten-Radar Hughes AN/APG-65, das in modifizierter Form von AEG in Lizenz gefertigt wird, sein. Das neue Gerät erlaubt die volle Ausnutzung der AMRAAM-Flugkörper, ist allwetterfähig und kann auch Ziele aus überhöhter Position vor dem Bodenhintergrund auffassen. Ebenfalls werden neue Head-up-Displays eingebaut, falls sich die Luftwaffe nicht doch noch für die favorisierten Helmvisiere entscheidet. Zum Einbau kommen zudem Startgeräte für vier zusätzliche Luft-Luft Flugkörper AIM-120 AMRAAM. Durch diese Kampfwertsteigerung wird die Doppelrolle der Phantom als Jagdflugzeug und Jagdbomber nochmals unterstrichen.

Bei der WTD 61 in Manching wurde die VBW auch unter der F-4F »Phantom II« getestet.

Eine F-4F des Jagdbombergeschwaders JaboG 42 startet mit zwei »Sidewinder«-Raketen in Sobernheim zu einem »Abfangeinsatz«.

Bei einer Übungsmission an der Nato-Südflanke entstand diese Aufnahme zweier F-4F des JaboG 42.

PANAVIA (MRCA) Tornado IDS

Nach Herausgabe der Grundkonfiguration des MRCA am 14. März 1969 kam es zur Gründung der PANAVIA Aircraft. Hierzu gehörten Kooperationsvereinbarungen zwischen BAC, MBB, Fiat und Fokker. Die Firma mit Sitz in München diente maßgeblich der Steuerung von Entwicklung, Vorproduktion und Serienherstellung des MRCA. Ferner galt es direkte Vertragsabschlüsse für die Entwicklung von Flugzeug und Elektronik abzuschließen und die Steuerung der Gerätebeschaffung sicherzustellen. Ab Anfang 1978 schloß ein Vertrag die technisch-logistische Betreuung des Tornados für seine gesamte Nutzungsdauer mit ein. Dies umfasste die Bevorratung von Ersatzteilen, Flugzeugbodengerät, technischer Dokumentation sowie Steuerung von Instandsetzung, Überholung und Wartung.

Zum Zeitpunkt der Gründung von PANAVIA konnte mit Abschluß der endgültigen Durchführbarkeitsstudie auch den militärischen Forderungen der vier Partnerländer entsprochen werden, und damit wurde offiziell die Fortsetzung des Projektes beschlossen. Als taktische Forderung legten die Partnerländer fest:

a) volle Allwetterkampffähigkeit;
b) hohe Treffgenauigkeit und große Waffenwirkung durch umfangreiche konventionelle Waffenzuladung;
c) hohe Überlebenswahrscheinlichkeit durch Kurzstartfähigkeit und automatischen Geländefolgetiefstflug mit hoher Geschwindigkeit und bei allen Wetterbedingungen sowie auch nachts.

Dies schloß die folgenden Forderungen nach diesem MRCA ein:

Gefechtsfeldunterstützung, Abrieglung/Strike, taktische Aufklärung, Luftüberlegenheit, Abfangjagd und Schulung. Damit entsprach der MRCA der neuen Verteidigungskonzeption der NATO, welche an Stelle des massiven Nuklearschlags die abgestufte Vorneverteidigung setzte.

Die allgemeine Beschreibung der IDS (Interdictor Strike) Version lautet:

Zweisitziges Mehrzweckkampfflugzeug mit zwei Turbinen und variabler Flügelgeometrie. Die äußeren Tragflächen lassen sich im Winkel 25 bis 67 Grad schwenken. Mit der maximalen Spannweite benötigt der Tornado eine Startstrecke von 600 m. Die Maschine ist Nacht- und Allwetterkampffähig und verfügt über ein fly-by-wire Flugkontrollsystem. Der Rumpf ist in einer vorwiegend Aluminium verwendenden Halbschalenbauweise gefertigt. Am Heck befinden sich auf der Rumpfoberseite zwei Bremsklappen. Schubumkehrklappen am Triebwerksausgang vermindern die Landestrecke. Besondere Wartungsöffnungen erleichtern den Triebwerkswechsel. Neben den beiden 27 mm Mauser Kanonen kann das MRCA unter drei Unterrumpfstationen und vier Unterflügelstationen nahezu alle modernen Kampfmittel der NATO mitführen.

Für die Triebwerkskonstruktion gründete man am 1. Juni 1969 die Turbo Union Limited in Filton/Bristol. Hieran sind die Firmen Rolls-Royce Engine Division in Großbritannien und MTU in Deutschland (beide hielten je 40 % der Aktien) und Fiat SpA in Italien beteiligt. Das erste Serientriebwerk RB.199-4 konnte im März 1978 in die P 01 eingebaut werden.

Nach der Vorlage des Abschlußberichtes der Definitionsphase legte man am 28. Februar 1970 die Arbeitsaufteilung fest. Danach fertigte MBB in Augsburg das Rumpfmittelteil einschließlich Flügelmittelstück, Triebwerkseinlauf und Schwenklager, BAC in Warton Rumpfbug und -heck, Triebwerkseinbau. Die Aeritalia in Caselle bei Turin war für die Außentragflächen mit Hochauftriebsmittel zuständig. Die Endmontage nahm jedes Land für seine eigene Luftwaffe vor. Für Deutschland war dies MBB in Manching, wo auch das Einfliegen erfolgte.

Nach Beginn der ersten Arbeiten an den deutschen und britischen Prototypen am 25. November 1970 stand auch die Fertigstellung der beiden 1:1 Attrappen bald bevor.

Die Einführung des Waffensystems »Tornado« ermöglicht angesichts immer modernerer gegnerischer Einsatzmittel, eine wirksame Abschreckung durch die Nato-Luftstreitkräfte.

Mit dem RB.199 Triebwerk führte Rolls-Royce am 17. September 1971 den ersten Prüfstandlauf durch. Einen Monat später schloß PANAVIA mit Texas Instruments einen Vertrag für das Haupt-Radar ab und setzte als Unterauftragnehmer für die Flugelektronik die britische Firma Elliot Automation Space and Military Systems (EASAMA) ein, welche wiederum ein tri-nationales Entwicklungs- und Management Konsortium mit ESG in Deutschland und der SIA (Società Italiana Avionica) in Italien bildete. Ende Sommer 1978 lief die Lizenzfertigung des Mehrzweck-Bugradars bei AEG-Telefunken (Hauptauftragnehmer und Koordinator) und Siemens, Ferranti und Marconiin England sowie CGE FIAR und Aster Electronica in Italien an, von denen jeder bestimmte Bauteile herstellte.

Am 15. März 1973 konnte die Ausrüstung für sechs Vorserienmaschinen und zehn Prototypen festgelegt werden. Nach dem Eintreffen der zwei RB.199-02R Triebwerke im Juli 1974 in Manching und einer ausgedehnten Bodenerprobung sowie Werkstattflügen folgte am 14. August der offizielle Erstflug des P 01 unter Paul Millett, Cheftestpilot bei BAC, und Nils Meister, Cheftestpilot bei MBB. Am 30. Oktober des gleichen Jahres startete P 02 zum Jungfernflug unter Paul Millet und Pietro Trevisan bei BAC in Warton.

Ende 1974 hatte die Bundeswehr einen Bedarf von 422 MRCA ermittelt. Mit Beschaffung der F-4 F in ihrer Doppelrolle als Jabo und Jäger, verringerte sich dieser auf 322 Stück. Die Luftwaffe sollte 210 Serienflugzeuge plus zwei umgerüstete Vorserienmaschinen, die Marine 122 Flugzeuge erhalten. Davon sind 53 Maschinen mit Doppelsteuerung ausgerüstet. Man nahm damals an, daß es kostengünstiger ist, vier Geschwader mit F-4 F auszurüsten und dafür drei Geschwader der Luftwaffe mit dem MRCA einzusparen, das zwar als Mehrzweckflugzeug bezeichnet wurde, aber eigentlich ein Jabo war. Mit der F-4 F übernahm man daher die Abfangjägerrolle und als sekundäre Verwendung die des Jabo. Die Ausrüstung der MFG wurden dagegen nicht gekürzt.

Am 11. Oktober 1974 legte man die Fortsetzung der Entwicklung, den Bau der Vorserienmaschinen sowie Investitionen zur Serienherstellung und die Beschaffung von Gerät mit langer Vorlaufzeit (LLTI) für den Beginn der Serienproduktion fest.
Schon im Februar 1976 waren die Testpiloten der beteiligten Firmen vom MRCA völlig überzeugt. Dies führte im März zur Bestätigung der Serienherstellung des MRCA. Gleichzeitig erhielt das neue Waffensystem den Namen »Tornado«. Am 1. Juli 1976 begann die Vorbereitung zur Serienherstellung, und am 29. Juli folgte das Übereinkommen zur Regelung der Ausbildungs- und Ersatzteilfragen bei der Serienfertigung, sowie die Montage der ersten beiden Vorserienmaschinen. Am selben Tag einigte man sich in München auf die Erstproduktion von 23 Tornados für England und 17 für Deutschland, von diesen sollten 26 Maschinen mit Doppelsteuerung ausgerüstet werden.
Als erste Piloten der Bundeswehr flogen Oberstleutnant K.H. Steuer von der Luftwaffe und Mitglied des MRCA-Fachausschusses für Cockpitinstrumentierung sowie Korvettenkapitän D. Seeck im Oktober und November 1976 die Tornado P 01 und P 04.
Die P 04 besaß als erste Maschine die komplette Avionik und absolvierte damit zahlreiche Tests, insbesondere im Tiefflug. Erwähnenswert ist, daß der Autopilot nur in Höhen über 60 m über Grund arbeitet und der extreme Tiefstflug nach Geländefolgeradar per Hand durchgeführt werden muß. Dazu erhält der Pilot Informationen durch das Radar und leitet die notwendigen Manöver ein.
Die Unterzeichnung des Vertrages für das zweite Baulos über 110 Tornados folgte im Sommer 1977. Für die Bundeswehr sah man 40 Maschinen vor, wovon 16 Jagdbomber und 8 Trainer mit Doppelsteuerung an die Luftwaffe und 11 Jagdbomber und 5 Schulflugzeuge an die Marineflieger gehen sollten. Im gleichen Jahr fand auf Grund einer Strömungsinstabilität eine konstruktive Änderung im Bereich des Leitwerks statt.
Am 5. Juni 1978 konnte in Warton, und einen Tag später in Manching, der Roll-out der beiden ersten Serienmaschinen gefeiert werden. Beide verfügten über Doppelsteuerung. Sie flogen erstmals am 10. und 27. Juli.

Flugaufnahme eines der ersten Serien-»Tornados« über Deutschland.

Die Einsatzbewertung und taktische Entwicklung des Tornado wurden bei der Erprobungsstelle der Bundeswehr in Manching durchgeführt. Dort fand auch die Flugerprobung durch MBB statt.
Im Mai des gleichen Jahres gingen die ersten drei deutschen Serienschulflugzeuge nach Manching. Ab dem 30. Juni folgte die Ausbildung von Fluglehrern für Einsatzbordbesatzungen (Service Instructor Aircrew Training Course = SIAT) der Partnerländer durch Personal der PANAVIA. Logistisch sicherte MBB das fliegerische Programm ab.
Ab 1982 folgten alle Tornado aus dem ersten Baulos (Kennungen 43+01 bis 43+16) und einige Maschinen aus dem zweiten Baulos zur TTTE. Aus der TTTE wird im V-Fall das JaboG 39 gebildet.
Die ersten Einsatzmaschinen der Luftwaffe gingen in der Jabo-Version an das Waffenausbildungskommando (WaKo) in Erding zum Waffenschulungs-Lehrgang. Am 16. Februar 1982 begann dort die Ausbildung. Das WaKo wurde bereits am 9. November 1981 aufgestellt und war zunächst der Technischen Gruppe 11 des LwVers.Rgt 1 angegliedert. Die Schießausbildung fand unter anderem auf dem Schießplatz in Münsingen statt. Am 1. Juli 1983 verlegte das WaKo nach Jever und wurde — unter Beibehaltung des Lehrauftrags — am 26. August als JaboG 38 aufgestellt. Es nutzte dabei die Logistik der ehemaligen WSLw 10. Die Ausbildung der Luftwaffenpiloten im extremen Tiefstflug in 20 - 30 m erfolgt in Goose Bay/Kanada.
Das MFG 1 in Schleswig-Jagel erhielt am 2. Juli 1982 die ersten vier Tornado als Ablösung für die F-104 G Starfighter. Neben ihrer taktischen Aufgabe führte das MFG 1 zunächst die Umschulung und Waffenausbildung auf dem Tornado im Rahmen der Anforderung der Marineflieger durch.
Anfang 1983 stand der erste entsprechend ausgerüstete Tornado mit Mehrfach-Waffenträgersystem (Multiple Weapons Carrier System = MWCS) bereit. Durch das spezielle elektronische System im Mittelrumpf, den alle deutschen und italienischen Tornados erhielten, ist diese Version in der Lage mittels drei veränderter Rumpflastträger verschiedene Außenlasten wie Kormoran I, ab 1989 auch Kormoran II, EloKa-Behälter Cerberus II, Ellettronica EL/73 ECM Behälter, Datenübertragungsbehälter, Bomben und Zusatztanks sowie AIM-9L Sidewinder Raketen zur Selbstverteidigung mitzuführen. Zudem verfügt das 1./MFG 2 an der zentralen Unterrumpfstation über einen 380 kg schweren MBB-Aeritalia Aufklärungsbehälter. In diesem befinden sich eine Zeiss KRb 6/24 Tiefflug-Panoramakamera und eine langbrennweitige TRb 60524 Kamera sowie ein Texas Instruments Infrarot-Linescaner IRLS RS-710. Die Entwicklung dieses Aufklärungs-Pods begann im Oktober 1977 bei MBB. Ende Dezember wurde die P 01 in Manching mit einer Attrappe versehen und damit Versuche unternommen. Im Juni 1981 folgten in Turin drei Testflüge zum Funktionsnachweis der Sensoren. Danach begann die weitere Detailerprobung. Die Marineflieger orderten 26 dieser Behälter.
Im Rahmen eines Kampfwertsteigerungsprogramms (First Upgrade) für die Tornados der Bundeswehr und auch der zukünftigen ECR-Version erprobte man Anfang 1988 erfolgreich den Lenkflugkörper HARM (High-Speed Anti Radiation Missile) AGM-88A. Zum Ende 1989 testete MBB in Manching erstmals eine neue Lenkwaffenkombination, bestehend aus zwei Kormoran II Luft-Schiffsflugkörper (unter dem Rumpf), zwei HARM Anti-Radar-Raketen (an den inneren Flügelstationen) sowie zwei Sidewinder, um die Verträglichkeit der einzelnen Waffen mit der Flugzeugavionik und insbesondere der Waffensoftware zu überprüfen.
Weil der Bedarf der Marineflieger Priorität genoß, erhielt die Luftwaffe erst ab 1983 den Tornado als Ablösung ihrer Starfighter.
Am 2. August 1983 bekam in Nörvenich das JaboG 31, es war einen Tag zuvor wieder in Dienst gestellt worden, einen ersten Tornado mit der Kennung 43+98. Der Jagdbomber stammte aus dem dritten Baulos und besaß Einzelsteuerung. Ab Sommer 1984 erhielt der Verband die MW-1 Streuwaffen zugeteilt. Die Waffe wurde bereits Ende der siebziger Jahre durch RTG, einer Tochtergesellschaft von MBB und Diehl, entwickelt. Es ist ein

konventionelles Mehrzweckwaffensystem mit verschiedenen Submunitionsarten zur Bekämpfung von Flächenzielen, wie gepanzerten Fahrzeuge, Flugplätze oder Truppenansammlungen. Die Munition befindet sich in 112 waagrechten Röhren. Die Ausstoßweite beträgt maximal 228 m. Wegen des seitlichen Ausstoßes kann kein Zusatztank mitgeführt, bzw. es muß dieser zuvor abgeworfen werden. Die MW-1 hat ein Rüstgewicht von 4500 kg und vermindert die Fluggeschwindigkeit des Tornado auf 1100 km/h. Ein Einfluß auf das Flugverhalten findet kaum statt, da das Steuersystem die Änderung von Gewicht und Aerodynamik berücksichtigt. Mit dieser Waffe entspricht die Bundeswehr dem Verteidigungskonzept, eine möglichst hohe Waffenwirkung unter Einsatz von wenigen Flugzeugen zu erreichen.

Als weitere Waffen verfügten die Tornados der Luftwaffe über die mit Infrarot-Zielkopf ausgerüstete AGM-65B/D Marverick Luft-Boden-Lenkwaffe. Als Nuklear-Waffen stehen vorläufig noch B-61 Atomsprengkörper zur Verfügung. Diese Waffe liegt im Fliegerhorst Büchel unter Verwahrung der 7501st Munitions Support Squadron. In der atomaren Angriffsrolle trägt der Tornado nur einen dieser Sprengsätze.

Desweiteren kann der Aufklärungsbehälter, das BOZ-107 Düppel- und Fackelaustoßgerät, Sky Shadow ECM- und Cerberus ECM Behälter, Lepus Blitzlichtbomben als ECM verwendet werden. Der Tornado verfügt zudem über eine zentrale ECM-Selbstschutz-Anlage vom Typ Marconi AD.980, einem Elettronica EL-73 Radarwarnempfänger und einen Störbehälter von RAE. Im oberen Teil des Seitenleitwerks befindet sich ein Radarwarnempfänger.

Am 18. April 1984 wurde der erste Tornado, Kennung 44+35, an das JaboG 32 abgegeben. Ab 1995 sollte ursprünglich das mit Alpha Jet ausgerüstete JaboG 41 den Tornado erhalten und zum JaboG 37 umstrukturiert werden. Dazu wäre, auch um die bisherigen Verluste auszugleichen, eine neue Order über 60 Tornados notwendig. Die Zukunft wird im Rahmen der allgemeinen politischen Lage und die zur Verfügung stehenden Haushaltsmittel über dieses Vorhaben entscheiden.

Die 44+97 gehört zum Bestand des JaboG 33.

Ein mit zwei Containern mit Übungsbomben ausgerüsteter »Tornado« IDS des Jagdbombergeschwaders 33.

Zur Feier des 30-jährigen Jubiläums des JaboG 32 am 22.10.1988 wurde ein »Tornado« mit einem farbenfrohen Sonderanstrich versehen.

Mikoyan/Gurevich MiG-17F

Anfang der siebziger Jahre wurde der Bedarf an einem Jagdbomber für die Luftstreitkräfte der NVA deutlich. Auswertungen durch das LSK/LV über den Umbau der Jagdmaschinen MiG-15 und MiG-17 in einem Jagdbomber bei den Luftwaffen der UDSSR, CSSR und in Polen führten zur MiG-17F. Mit Übernahme der MiG-21 wurde ab 1973 die MiG-17 in die Jagdbomber-Version MiG-17F umgebaut. Hierzu erhielten die Maschinen in Höhe des inneren Grenzschichtzaunes unter jedem Tragflügel eine Aufhängung für einen Behälter »Mars« mit je 16 ungelenkten 57 mm Raketen des Typs S-5. Durch diese Konstruktion blieben zwei Pylone für zusätzliche Treibstoffbehälter erhalten. Die serienmäßige Starrbewaffnung von zwei 23 mm und einer 37 mm Kanone auf einer mittels Handkurbel (!) herabzulassenden Waffenplattform, unter dem vorderen Rumpf, ergänzte die Ausrüstung.

Vereinzelt wurde auch die MiG-21 für die Jagdbomber-Rolle verwendet, ihr Haupteinsatz galt aber der Abfangjagd.

Nur als Zweit-Rolle sollte die MiG 21 bei der NVA als Jagdbomber zum Einsatz kommen.

Mikoyan/Gurevich MiG-23BN

Neben den zahlreichen Ausführungen der MiG-23 als einsitziges Jagdflugzeug mit Schwenkflügel gibt es zwei unterschiedliche Baureihen, die MiG-23BN und MiG-27, in der Jagdbomber-Rolle. Der Unterschied liegt besonders in der Bewaffnung, der Ausrüstung und dem Triebwerk. So produziert Indien die MiG-27M, während von der MiG-23BN unter anderem die Exportversion MiG-23BN, teilweise auch als MiG-24BN bezeichnet, abgeleitet wurde. Ausgangsmuster für beide Jabo-Reihen war 1970 der Prototyp MiG-23B.

Anfang der achtziger Jahre löste die MiG-23BN die MiG-17F bei den Luftstreitkräften der Nationalen Volksarmee ab. Neben einer 23 mm GSch-23L Zwillingskanone konnten an sieben Aufhängepunkten bis zu 3000 kg Waffen mitgeführt werden. Während die schwenkbaren Tragflügel dem Jagdflugzeug MiG-23 entsprachen, wurde der Rumpf zur Verbesserung der Bodensicht für den Piloten stark nach unten abgeschrägt. Weil der Jabo eine vereinfachte Radaranlage besaß, konnte der Rumpfbug zudem sehr kurz und unten abgeflacht gehalten werden. Die Kabine erhielt eine starke Panzerung.

Ein leistungsfähiger Jagdbomber stand der NVA mit der MiG 23 BN zur Verfügung.

Im Mai 1991 wurde die MiG 23 BN (20+52) bei der WTD 61 getestet.

Drei MiG 23 ML und BN bei der Wehrtechnischen Dienststelle in Manching.

Sukhoi Su-22

Mit der Su-22 verfügte die NVA über ein reines Erdkampfflugzeug mit variabler Flügelgeometrie. Neben den beiden 30 mm NR-30 Kanonen konnten an zehn Pylone mindestens 4000 kg Waffenzuladung transportiert werden. Der Aktionsradius mit 3000 kg Bombenlast liegt bei etwa 650 km. Mit dem Ljulka AL21-F-3 Strahltriebwerk (110 kN Schub mit Nachbrenner) erreichte die etwa 18000 kg schwere Maschine eine Höchstgeschwindigkeit von über 1250 km/h.
Entwickelt wurde die Su-22 aus der Su-7. Der erste Prototyp, als Su-7IG bezeichnet, wurde im August 1966 erprobt und im Juli 1967 in Domodedowo (Moskau) anläßlich eines Luftfahrttages als »Forschungsflugzeug« vorgestellt. Durch zahlreiche Verbesserungen in der Avionik und Elektronik entstand in den siebziger Jahren aus der Su-17 — so die Serienbezeichnung — die Su-22. Erkennbar ist der neue Typ besonders an einem längeren Bugsegment. Die Flugzeuge der NVA, ebenso der einiger anderer Luftwaffen des früheren Ostblocks, besaßen einen heruntergezogenen Bug, um die Sicht zu verbessern. Zudem vergrößerte sich der Tunnel zur Seitenflosse durch den Einbau von zusätzlichen Kraftstoffbehältern hinter der vergrößerten Kabine. Die NVA zeigte die Su-22 erstmals offiziell im August 1985 der Öffentlichkeit.
Die zweisitzige Su-22U diente als Schul- und Übungsflugzeug. Der einzuweisende Pilot saß dabei auf dem vorderen Sitz. Die Umrüstung der Su-22U auf Gefechtsaufgaben war jederzeit möglich. Jedoch besaß die zweisitzige Version nur eine Bordkanone.

Eine Su 22 des Jagdbombergeschwaders 77 der früheren Luftstreitkräfte der DDR.

Ein »Jagdbombenflugzeug« des Typs Su 22 rollt zur Startbahn.

Abschleppen einer Su 22, die mit zwei Standardbehältern für 57 mm Raketen des Typs S-5 ausgerüstet ist.

Quellenverzeichnis

Literatur

- Roderich Cescotti, »Kampfflugzeuge und Aufklärer«, Bernard & Graefe Verlag, Koblenz 1989
- Joachim Dressel/Manfred Griehl, »Flugzeuge und Hubschrauber der Bundeswehr«, Motorbuch Verlag, Stuttgart 1990
- Manfred Griehl, »Dornier Do 217-317-417«, Motorbuch Verlag, Stuttgart 1987
- Manfred Griehl/Joachim Dressel, »Heinkel He 177-277-274«, Motorbuch Verlag, Stuttgart 1989
- Manfred Griehl/Joachim Dressel, »Die deutschen Kampfflugzeuge im Einsatz«, Podzun-Pallas-Verlag, Friedberg 1990
- Manfred Griehl, »Junkers Ju 88«, Arms & Armour Press, London 1990
- Bill Gunston, »Modern Air Combat«, Salamander Books Limited, London 1983
- Wilfried Kopenhagen, »Flugzeuge und Hubschrauber der NVA«, Brandenburgisches Verlagshaus, Berlin 1990
- Bruno Lange, »Typenhandbuch der deutschen Luftfahrttechnik«, Bernard & Graefe Verlag, Koblenz 1986
- Francis K. Mason, »Tornado«, Motorbuch Verlag, Stuttgart 1989
- Jean Roeder, »Bombenflugzeuge und Aufklärer«, Bernard & Graefe Verlag, Koblenz 1990
- Originaldokumente der RLM

Abbildungen

Aders 1, Adam Opel AG 3, Arena 1, Arens 4, Beyler 2, Bekker 1, Bild- und Dokumentationsstelle für die deutsche Luftfahrt 2, BMVg 11, Charles 1, Creek 1, Daimler-Benz AG 1, Deutscher Aeroclub e.V. 2, Deutsche Airbus Industrie 18, Deutsche Lufthansa AG 4, Deutsches Museum München 4, Dornier 15, Dressel 1, Filley 5, Flughafen AG Frankfurt 1, Flugzeug Publikationen 3, Francella 1, Fritsch 1, Fritz 4, Fülber 6, Griehl 10, Grimm 1, Heck 1, Hefner 2, Heinkel 12, Henschel 3, Herrendorf 1, Herwig 5, Holzmann 1, Junkers AG 17, Jurleit 4, Lang 1, Lange 1, Lichtenhof 4, Marchand 1, Mayer 1, MBB 10, Meier 5, Menke 1, Mohr 3, MTU 2, Müller-Romminger 1, NASM 2, Nowarra 2, Petrick 2, Price 2, Radinger 6, Ransom 2, Riediger 1, Rohrbach 1, Sander 1, Schaubner 1, Schiebner 1, Schlaug 2, Schliephake 2, Schmitt 2, Schreiber, P. 1, Schreiber 2, Selinger 3, Sengfelder 4, Spork 4, Trenkle 1, USAF 6, Weidner 1, Wittigeyer 3